貯金0円からの iDeCo・NISA

資産形成　株式投資　投資信託

超入門

監修　FP・投資初心者アドバイザー　竹内弘樹

朝日新聞出版

はじめに

いわゆる「老後2000万円問題」で、老後資金の準備についての議論が増えてきました。みなさんが老後資金に危機感を覚えるとともに、「NISA《ニーサ》」や「iDeCo《イデコ》」というワードが日常会話の中でも使われるようになってきました。

本書では、**「税金」「iDeCo（個人型確定拠出年金）」「NISA（少額投資非課税制度）」**にスポットを当てて、深掘りしています。これらに共通するのは、**内容を理解して対策や実践をするのとしないのでは、手元に残るお金に〝雲泥の差がつく〟**ことです。

例えば、税金の仕組みをきちんと理解することで、無駄な税金を払わずに済んだり、確定申告で払いすぎた税金を取り戻せたりします。お得な「ふるさと納税」の制度を利用することもできます。一度払った税金は自動的に還付されることはないので、私たちが主体的に行動するしかありません。

iDeCoとNISAは、〝本来、利益に対して支払うべき税金がゼロで済む〟というありがたい制度です。何の知識もないまま資産運用を始めるよりも、こうした仕組みを理解して利用しつつ、一定のポイントを押さえるだけではるかにお得な運用ができます。

「貯蓄から投資へ」というスローガンのもと、〝老後資金を自分で用意してほしい〟という国の方針で制度設計が進められているiDeCoとNISA。両制度を上手に利用して、自助努力で老後資金を作っていく時代なのです。

実際、iDeCoの加入者は年々増えており、2022年の統計では、約240万もの人が運用を開始。NISAも約1150万人とこちらも大幅に利用者が増えています。

「投資なんてやったことがないし……」と不安な方も、どうかご安心ください。

本書では、**基礎的な内容はもちろん、初心者がつまずきそうなポイントや実際の相談内容も網羅したので、iDeCoやNISAを始める方のよきガイドとなる**ものと思います。

2024年からは「新NISA」が始まることが決まっていて、これまでのNISAからさらにパワーアップした制度となります。くわしい解説は後述しますが、老後資金の準備には、新NISAの非課税枠は欠かせません。ぜひ、本書で制度をしっかりと理解して、資産運用生活のスタートを切っていただければと思います。

資産運用はできるだけ早く始めて運用期間を長くすることが、資金を増やす重要なカギとなります。**少額からで大丈夫なので、iDeCoやNISAの口座を開設し、投資を始めてみてください。**とはいえ、焦りは禁物！ 短期間で良好な結果が出るとは限りません。10年単位の長いスパンで捉え、資金を増大していきましょう。

これから始まるみなさんの〝投資ライフ〟がうまくいくよう、心から願っております。

FP・投資初心者アドバイザー　竹内弘樹

本書の登場人物

カメ先生

本書のガイド。初心者に投資についてやさしく教えてくれる、お金の達人。

みんなは、どうして投資に興味を持ったの？

貯金より投資のほうが儲かるって聞いて…
投資って税金対策になるんでしょ？
ヒロキ
レイナ
老後のお金が不安です
節約にも限度があるから…
投資に詳しいとモテそうだし～
アキ
リョウタ
ハルト

25歳・会社員

お金の悩み

大きな買い物をするわけではないが、コンビニ・外食・スマホ代・サブスク代などでお金があまり残らない。

34歳・会社員

お金の悩み

趣味の推し活費用には糸目をつけないが、将来は不安。投資に興味があるが、なかなか踏み出せないでいる。

47歳・契約社員

お金の悩み

子どもが成人したものの、まだ学費がかかる。節約もしてきたけれど、昨今の値上げで将来の貯蓄に不安。税金対策に興味あり。

49歳・会社員

お金の悩み

住宅ローン支払い中。iDeCoに興味があるが、投資に詳しくもなく今更感もあって悩み中。

大学生

お金の悩み

バイトを始めて、お金を稼ぐことは意外と大変と知る。使うのは簡単なのに…。

カメ先生

みんなそれぞれだね！　ただ、投資だから
損することもある。だから、リスクを抑えた投資で
将来の人生設計に役立ててほしいんだ

リョウタ

リスクの抑え方かぁ。それは、ぜひ知りたいね

カメ先生

そのために活用したいのが、
ズバリiDeCo・つみたてNISA。
どっちも将来の資産形成に向く投資商品が用意され、
投資で運用した利益にかかる税金がゼロ！

iDeCoの加入者数の推移

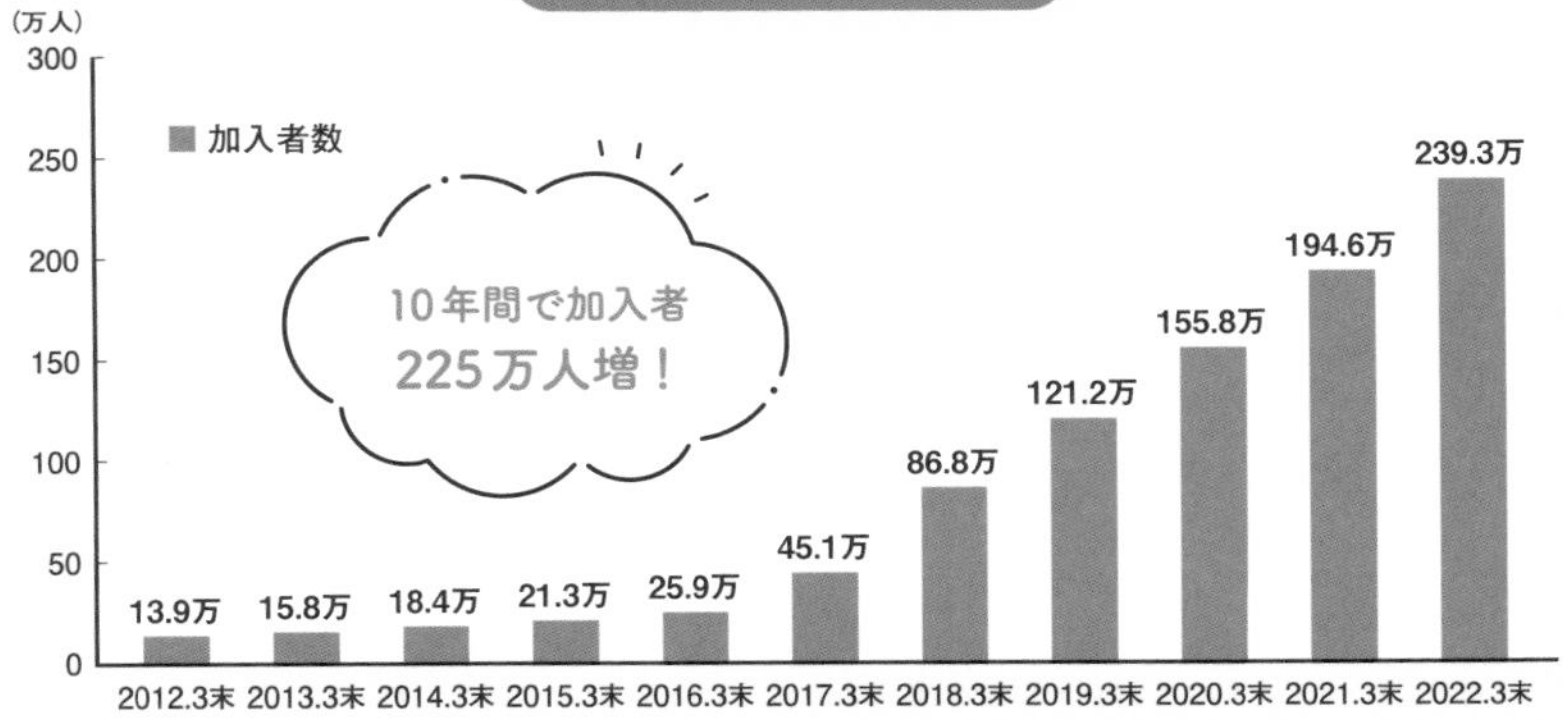

出典：運営管理機関連絡協議会「確定拠出年金統計資料（2022年3月末）」

カメ先生

上のグラフはiDeCo加入者数を示したもの。
「iDeCo」という愛称で加入対象が広がったのが
2017年から。2022年には加入年齢が広がり、
加入要件も緩和されて加入者がさらに増えているよ

レイナ

私にもできる？

カメ先生

もちろん！　会社員は企業年金に加入しているか
どうかで拠出（積み立てること）できる月額の上限額が
1万2000円～2万3000円までと変わるところだけ注意

ヒロキ
iDeCoで儲かったお金はすぐもらえる？

カメ先生
iDeCoは個人型の年金だから、原則60歳になるまでは
拠出のみでお金を受け取ることはできないんだ

ハルト
それって不便じゃない？

カメ先生
不便かもしれないけれど、
将来のお金を増やすにはむしろ好都合。
それに毎月の掛金は全額所得控除にできる。
これがiDeCoの超重要なメリット！

レイナ
税金対策！！

カメ先生
その通り！
ただ、毎月最低でも171円の手数料が発生するから、
手数料以上の利益を出していきたいね

アキ
じゃあ、NISAは？　iDeCoとは何がちがうの？

カメ先生
NISAのほうが条件は緩いね。
日本に住む18歳以上なら誰でも始められるし、
儲かっている分をすぐに手にすることもできる。
運用中の手数料がほとんどかからないものも多いしね。
ただ、投資額を所得控除することはできないんだ

ヒロキ
NISAは2024年から新しくなるって聞いた

カメ先生
そう。
生涯の投資枠が1800万円までに拡大して、
非課税期間の制限もなくなるから、
より使いやすくなるよ！

リョウタ：なるほど。iDeCoとNISAはどっちがいいんだろう…

カメ先生：どっちから始めるか、両方始めるかは、
本書で仕組みを理解して決めるといいね。
でも、その前に投資に成功しやすい人が
大切にしているポイントを紹介しておこう

投資でお金に
働いてもらうには
土台作りが重要

リスク許容度を把握する

運用による損失にどの程度まで耐えられるかが「リスク許容度」。自分のリスク許容度を理解して投資額や投資先を決めるのが成功のカギ。

コスト・税金を意識する

資産運用で成功する人は、利益を減らさないよう、投資にかかるコストや税金も意識する。税金を抑える制度を使い、手数料は低いものを。

資産のバランス配分に注意する

同じ投資先に集中すると、投資先の値下がりリスクに耐えられずに失敗しやすい。資産は複数の投資先にバランスよく分散するのがコツ。

カメ先生：みんなには成功者になって、
うまくお金を増やしていってほしいな！

がんばりまーす！

ヒロキ　レイナ　リョウタ　アキ　ハルト

Part 1 お金で損しないための「税金」の話

Part 2
早いが勝ち！「iDeCo」を始めよう

Part 3 誰でもすぐに始められる「NISA」

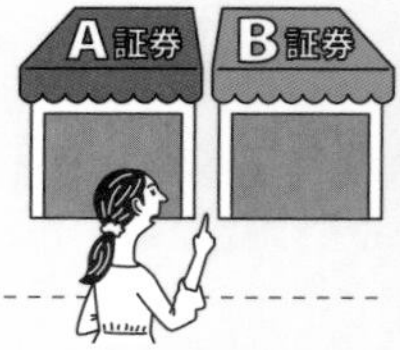

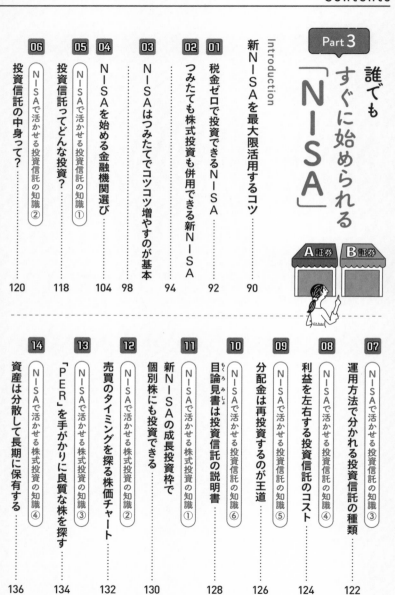

もっと知りたい！

Part 4 これってどう？ iDeCo&NISAの運用術

iDeCo

Contents

※本書は資産運用ならびに投資に役立つ情報提供を目的としたもので、特定の投資行為を推奨するものではありません。また、本書ならびに監修者、出版社が投資結果の責任を持つものではありません。ご自身の責任のもとで行ってください。

Part 1

お金で損しないための「税金」の話

老後のお金が足りなくなる…

日本の税金事情

消費税や酒税、たばこ税、自動車税、働く人にとって身近な所得税や住民税。
豊かで安全な暮らしのために使われる税金だが、
重い税負担が将来の資金形成の足かせになっている可能性がある。

TOPIC 1

税負担は重くなるばかり！

国民負担率

（税金負担率＋社会保険料負担率）

昭和56年（1981年）32.2% →（30年）→ 平成23年（2011年）38.9% →（10年）→ 令和３年（2021年）48.0%

出典：財務省

1981年に32.2%だった「国民負担率」は、30年後には38.9%、その10年後の2021年には48.0%に。この間にあらゆる世情の変化があったので、一概に負担が増えたとはいえないが、年々、負担感が高まっていることは否めない。

40年で税金や社会保障の負担率は15ポイント以上もアップ！

＋ 加えて

物価高

原材料価格や物流コストの高騰により、食料品や日用品、公共料金といった身近なモノ・サービスの価格が上昇。消費者の家計を圧迫している。

低金利

メガバンクの普通預金の金利は0.001%という低金利時代が続いている。銀行に預金を眠らせているだけでは、将来につながるお金を増やすことは難しい。

TOPIC 2

少子高齢化が進み、税金アップは免れない

2025 年、2050 年に向け 現役世代の税負担は重くなる

国民負担率の上昇には、消費税率引き上げや高齢化に伴う医療や介護などの社会保障負担の増大という背景がある。2025年には、いわゆる「団塊世代」が75歳以上の後期高齢者になる。少子高齢化はますます進み、高齢者の医療や介護のニーズがさらに高まるため、現役世代の税負担は深刻になると予想される。

20 ～ 64 歳人口の 65 歳人口に対する比率

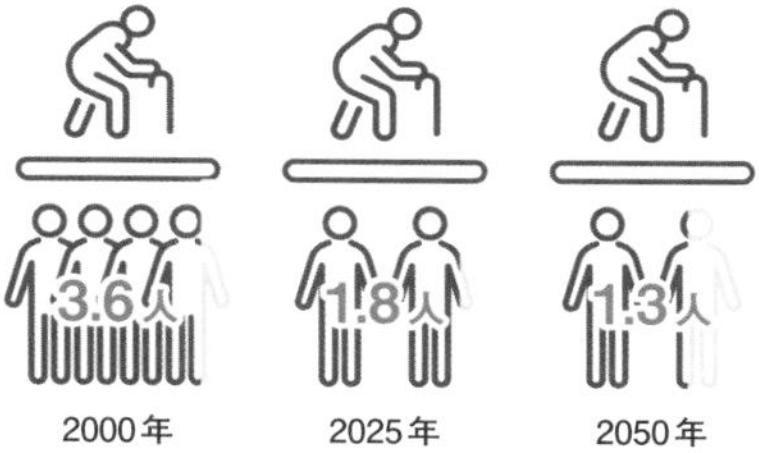

出典：国税庁

TOPIC 3

収入が増えると支払う税金や社会保険料も増える

例 年収461万円から680万円に上がった場合

日本人の平均年収

年収 461 万円の場合

（うちボーナス90万円）

所得税	11万3500円
住民税	22万1000円
厚生年金	41万1750円
健康保険	22万725円
雇用保険	2万3050円
TOTAL	99万25円

↓

手取り　361万9975円

年収 680 万円の場合

（うちボーナス180万円）

所得税	27万3700円
住民税	36万600円
厚生年金	61万4880円
健康保険	38万4718円
雇用保険	3万4000円
TOTAL	166万7898円

↓

手取り　513万2102円

年収が219万円増えても、
手取りは151万円しか増えない！

お金を貯めたいなら「税金」を意識

01

ビールって食品だから、消費税8%でしょ？

アルコール類は軽減税率の対象じゃないんだ。酒税も含まれて、価格の4割は税金だよ！

国民の安全な生活を支えるために出すお金

物品を購入したら「消費税」、お酒を買ったら「酒税」、給与を受け取ったら「所得税」というように、税金はさまざまな場面で徴収されています。納税は国民の義務であり、正当な理由なく免れることはできません。これは個人だけに限らず、企業などの法人に対して課される税

［ 国民の暮らしを支える税金 ］

国民・企業

国民はそれぞれの収入や消費行動などに応じた額の税金を納め、企業は収益に応じた額の税金を納める。

公共施設・公的サービス

税金は道路や水道などのインフラ設備、学校や交番、消防署の運営、医療・福祉などの公共サービス費用に使用される。

税金

収入

支出

国・地方自治体

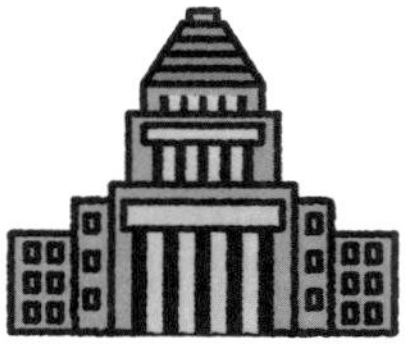

税金の使い道は、「国税」なら国会、「地方税」なら都道府県や市区町村などの地方自治体の議会で審議して決定する。

令和4年度の国の歳出総額予算は107兆5964億円。このうち、使用目的は上位から社会保障費（33.7%）、国債の返済や利子（22.6%）、地方交付税交付金等（14.8%）、公共事業関係費（5.6%）となっている。

ごみ収集や救急車がタダなのは税金のおかげ！

金でも同じことです。

納めた税金は、おもに国民が健康で文化的な生活を送るために使用されています。具体的には、**義務教育、道路や公園の建設・整備、医療・福祉サービス、治安や防災組織の運営のほか、一部は公的年金などの社会保障に使われる**こともあります。

ほかには、収入が多い人ほど税率を高くして所得格差を広げないよう調整する、好景気のときは税負担を増やして過度なインフレを抑えるなど、税金は「経済の安定化」という役割も果たしています。

生活のために使われる重要な税金ですが、知識がないと払わなくてよい分まで支払ってしまうことになります。税金で損することなく、正しく節税する知識を身につけていきましょう。

02 知っておきたい！ 税金の種類と分類

［ 税金の分類方法 ］

		直接税 税金を納める人と負担する人が同じ税金	間接税 税金を納める人と負担する人が異なる税金
国税		所得税、 復興特別所得税、 法人税、 相続税、贈与税など	消費税、 酒税、たばこ税、 揮発油税、関税など
地方税	都道府県税	都道府県民税、 事業税、 自動車税など	地方消費税、 都道府県たばこ税、 ゴルフ場利用税など
	市区町村税	市区町村民税、 固定資産税、 軽自動車税など	市区町村たばこ税、 入湯税など

税金は50種類くらいあるよ！

TAX
重い…

納める先による分類と納め方による分類

税金は納め先によって、**国に納める「国税」と地方公共団体に納める「地方税」**があり、**地方税はさらに「都道府県税」と「市区町村税」**に分けられます。

納め方による分類もあり、**納税者と負担者が同じ税金が「直接税」**で、**納税者と負担者が異なる税金が「間接税」**です。例えば、消費税は消費者が負担して事業者が納めるため、間接税に分類されます。

[個人が支払うおもな税金]

消費税・地方消費税

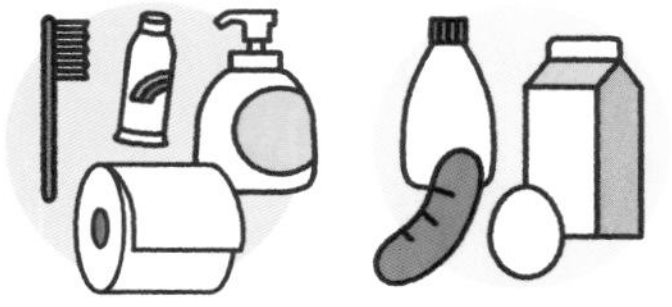

標準税率　　軽減税率

	標準税率	軽減税率
消費税率	7.8%	6.24%
地方消費税率	2.2%	1.76%
合計	10.0%	8.0%

消費に対して公平に負担を求める間接税。商品を消費したり、サービスの提供を受けたりする消費者が負担し、事業者が納税する。消費税の税率は7.8%、地方消費税の税率は2.2%、これらを合わせて10%の税率になっている。

所得税

個人の所得にかかる税金。1年間の総所得からさまざまな所得控除（納税者の状況に応じて税負担を調整するもの）を引いた残りの所得（＝課税所得）に税率をかけて算出される。所得が多いほど税率が上がる累進税率になっている。

詳しくは、P.22へ

住民税

「都道府県民税」と「市区町村民税」を合わせて「住民税」と呼び、住民が居住する自治体に納める。「住民税」は前年の所得に応じて負担する金額（所得割）と、住民が平等に負担する金額（均等割）から成り立っている。

詳しくは、P.30へ

揮《き》発《はつ》油《ゆ》税・自動車税

ガソリンなどの揮発油にかかるのが「揮発油税」。納税者は揮発油の製造者や輸入者だが、給油時の価格に含まれるので、実際の負担者は消費者。自動車を所有する人にかかる税金が「自動車税」。税率は車種や用途（自家用／営業用）と総排気量によって細かく定められている。

酒税・たばこ税

日本酒やビール、ウイスキーなどのお酒にかかるのが「酒税」。税率はお酒の種類やアルコール度数によって決められている。同様に、たばこにかかるのが「たばこ税」。どちらも製造者や輸入者が納税するが、販売価格に含まれるので、実際の負担者は消費者になる。

給与などの収入には税金がかかる

03

所得税と住民税がかかる所得の種類とは

給与や利子の受け取りはうれしいですが、同時に発生するのが納税義務。課税対象になる「所得」とは、収入からその収入を得るためにかかった経費を差し引いた額のことで、仕事からの収入だけに限りません。預金につく利息、投資の利益、懸賞金、保険の満期保険金、副業の利益などは所得とみなされ、所得税と住民税がかかります。

所得は10種類に分かれ、それぞれの所得について、収入や必要経費の範囲や所得の計算方法などが定められています。なお、所得にかかる税金は1年間（1月1日～12月31日）の単位で決定され、個人単位で納税する必要があります。

所得の種類は10種類ある

NISAで出た
利益に税金は
かからない

利子所得
預貯金や公社債、公社債投資信託の収益分配金など。
収入金額＝利子所得

配当所得
株式の配当、株式投資信託など。
収入金額＝配当所得

不動産所得
不動産の貸し付けなどによって生じる収入。
収入金額－必要経費

会社員はCheck!
給与所得
勤務先から受け取る給料、賞与など。
収入金額－給与所得控除額
詳しくは、P.22、P.27へ

事業所得
農業、小売業、医師、弁護士などの対価を得て
継続的に行う事業によって生じる収入。
収入金額－必要経費

退職所得
退職による一時払いの退職給付や確定拠出年金の一時金の受け取りなど。
(収入金額－退職所得控除額)×½

山林所得
山林を伐採して譲渡したり、山林をそのまま譲渡したことによる収入。
収入金額－必要経費－特別控除(最高50万円)

譲渡所得
資産(不動産、株式、投資信託、ゴルフ会員権など)の譲渡による収入。
収入金額－(取得費＋譲渡費用)－50万円

一時所得
生命保険の満期保険金(受取人と保険料負担者が同じ)、
懸賞の賞金、競馬の払戻金など。
収入金額－そのために払った費用(生命保険なら払込保険料)
－特別控除(最高50万円)

雑所得
公的年金、企業年金、生命保険の個人年金保険など、上記以外で得た収入。
収入金額－必要経費(公的年金等控除額)

お金をもらっても税金がかからない例

- 障害年金、遺族年金、遺族恩給
- 雇用保険からの基本手当(失業給付)、育児休業給付金、介護休業給付金など
- 給与所得者が受ける通勤手当※(公共交通機関利用の場合は、1カ月当たり15万円が限度)
- NISA口座で出た利益(売却益・分配金)
- 宝くじの当選金品
- 慰謝料、損害賠償金、一定の入院給付金など

※社会保険・労働保険の計算の賦課対象(報酬・賃金)には含まれる。

04 給与収入と所得と所得税の関係

税金もUP！
税
税
税
ヤッター
え、手取りは増えない…

レイナ：年収は上がったのに、税金も増えていて…

カメ先生：所得が上がるほど税負担も重くなるんだ

レイナ：そんなぁ…。ちょっとは夢みたいのに

所得税は年収ではなく課税所得にかかる

働く人にとって身近な「所得税」ですが、**年収にそのまま一定の税率を当てはめて算出されるわけではありません。年収を基準に課税所得額を求め、この金額に応じて決められた税率分を納める**ことになります。

個人事業主の場合、収入から収入を得るためにかかった費用

課税所得に対して税金がかかる

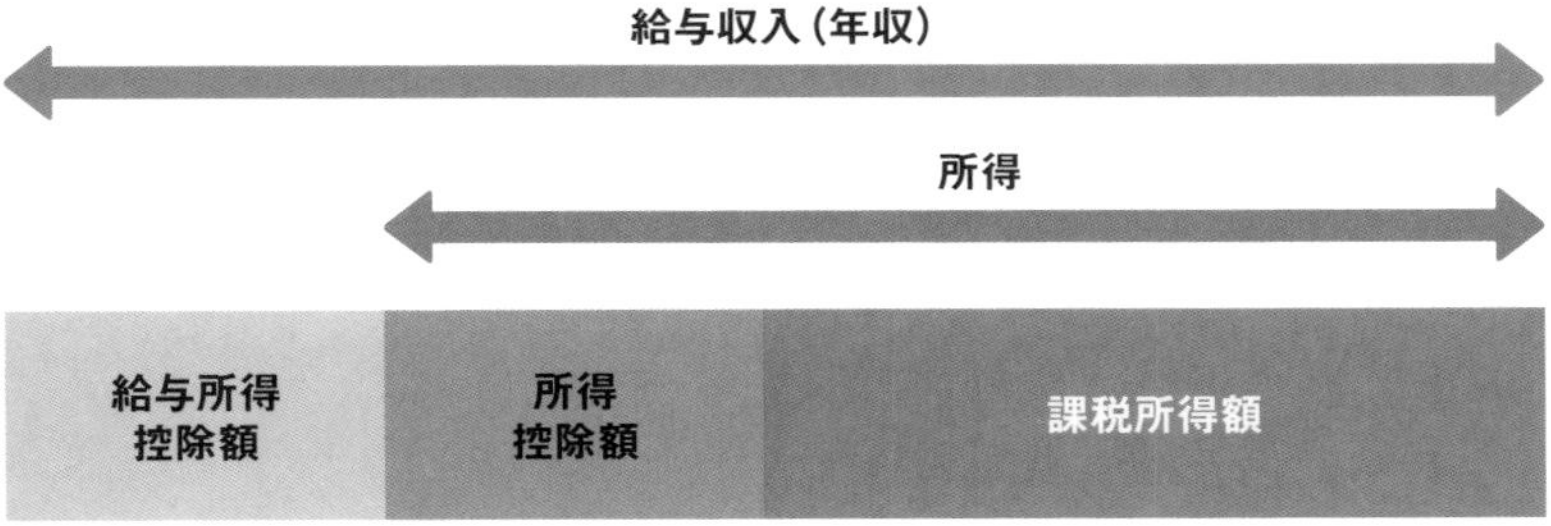

給与所得者の必要経費

個人事業主などの事業所得者が所得税を算出する際、収入から外注費や交際費などの必要経費を差し引く。給与所得者はこうした処理ができない代わりに、給与収入に応じて経費に相当する「給与所得控除額」を差し引くことができる。

詳しくは、P.27 へ

社会保険料や個人的な事情

個人や家計の事情に合わせて課税所得を減らし、納税者の負担を減らすために認められている控除。社会保険料控除や生命保険料控除、配偶者控除など15種類の控除項目があり、その種類によって控除される条件や金額は異なる。

詳しくは、P.24、P.28 へ

この金額に応じて決められた税金を支払うのが所得税

詳しくは、P.28 へ

（経費）を差し引いた金額が「所得」になります。会社員は明確な経費を算出できないので、所得税法上で定めた算出法で「給与所得控除額」を差し引きます。そのうえで、社会保険料控除や配偶者控除、扶養控除、寄附金控除などの個人的な事情を反映する「所得控除額」を差し引いた「課税所得額」に応じて、所得税が確定します。

　注意点としては、一般的に年収が上がれば課税所得額も上がります。しかし、**所得税は課税所得が高くなるにつれて税率が上がる「累進税率」が採用されているため、年収が上がってもそれ以上に税額も増え、手取り額が大きく増えにくい**のです。所得税額を抑えるには、所得控除をもれなく申告することが重要なポイントになります。

所得税を減らす「控除」

05

寡婦控除

年末調整 ○

合計所得500万円以下で、夫の死別、離婚、生死不明で所得税法上の寡婦に当たる場合の控除。

控除額 27万円

ひとり親控除

年末調整 ○

合計所得500万円以下で、事実上の婚姻関係がなく、生計をともにする子がいる場合の控除。

控除額 35万円

勤労学生控除

年末調整 ○

本人が所得税法上の勤労学生に当たる場合の控除。

控除額 27万円

基礎控除

年末調整 ○

合計所得が2400万円以下である場合、最高48万円を控除。

控除額 0〜48万円

扶養控除

年末調整 ○

所得が一定額以下の親族を扶養している場合の控除。

控除額 38万円（16歳以上19歳未満）
63万円（19歳以上23歳未満）
38万円（23歳以上70歳未満）
48万円（70歳以上の老人扶養親族）
58万円（70歳以上の同居老親等）

配偶者控除

年末調整 ○

合計所得が1000万円以下で、配偶者の所得が48万円以下なら、最高38万円を控除。

控除額 13〜38万円

配偶者特別控除

年末調整 ○

合計所得が1000万円以下で、配偶者の所得が48万円を超え、133万円以下なら最高38万円を控除。

控除額 0〜38万円

※2023年2月現在。年末調整ができないものは、確定申告を。

使える控除はもれなく申告して

控除とは、課税対象の所得金額や納付すべき税金の額から一定の金額を差し引く制度のこと。所得税の場合は、年収から「給与所得控除額」と個人の事情に応じた「所得控除額」を差し引くことができます。

該当する控除はすべて申告しましょう。所得税の控除項目や

リョウタ

生命保険料など、
年末調整用の書類を
書くのは面倒だよ

カメ先生

確かにね。
でも控除される
額が増えれば、
それはズバリ節税！

おもな所得控除の一覧（令和２年分以降）

雑損控除 年末調整 ✕
災害や盗難などで、住宅や家財に損害を受けた場合の控除。
控除額 災害等の損失額から計算

生命保険料控除 年末調整 ○
一般の生命保険料、介護医療保険料、個人年金保険料の控除。
控除額 最高12万円

社会保険料控除 年末調整 ○
健康保険料、年金保険料などの社会保険料の控除。
控除額 全額

小規模企業共済等掛金控除 年末調整 ○
小規模企業共済やiDeCo（個人型確定拠出年金）の掛金の控除。
控除額 全額

医療費控除 年末調整 ✕
本人&家族で10万円（総所得金額等が200万円未満の場合は、総所得金額等の5%）以上の支払いがあった場合の控除。
控除額
医療費－10万円（または総所得金額の5%）

地震保険料控除 年末調整 ○
地震や津波に備える、地震などの損害保険料や掛金の控除。
控除額 最高5万円

寄附金控除 年末調整 ✕
「ふるさと納税（P.36）」など、特定の団体へ寄附をした場合の控除。
控除額
支出額（または総所得金額の40%）－2000円

障害者控除 年末調整 ○
本人や家族に所得税法上の障害者に該当する人がいる場合の控除。
控除額 27万円（特別障害者は40万円／同居特別障害者は75万円）

控除額は社会状況に応じて改正されますが、現在は15種類の控除項目が設定されています。

会社員や公務員のような給与所得者は、勤務先が年末調整を行うため、毎年10月～12月の間に勤務先から年末調整の書類の記入と提出を求められます。この書類に扶養家族の有無や支払った保険料などの控除額を記載することで、所得税が確定します。個人事業主はすべて確定申告で申告します。記入もれがあると、納めなくていい税金を納めることになりかねません。

iDeCoの掛金は「小規模企業共済等掛金控除」で全額控除！

06

源泉徴収票から知る所得税の算出法

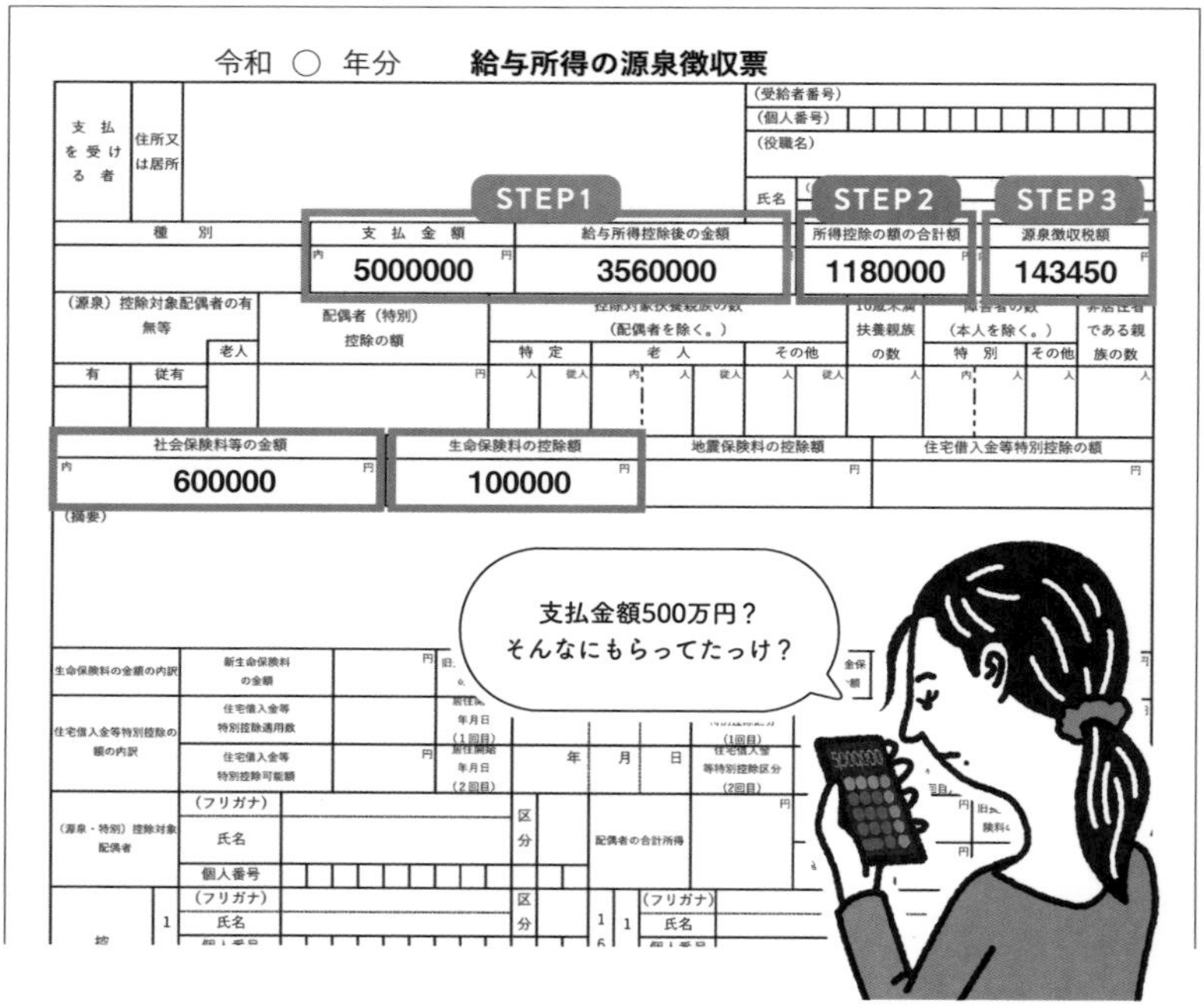

年収と所得税がわかる年末に受け取る書類

毎年、所得税をいくら納めているか知っていますか。その額が記載されているのが、「源泉徴収票」です。源泉徴収票は、その年の給与収入が確定し、年末調整が完了する12月末に発行されます。**源泉徴収票の源泉徴収税額に記載された金額が、その年に納めた所得税額**です。

源泉徴収票には、そのほかに年間で負担した社会保険料の金額なども記されています。源泉徴収票の内容を参考に、翌年の税金対策に役立てましょう。

なお、源泉徴収票は確定申告時に必要になるほか、ローンを組む際に金融会社から提出を求められることもあります。すぐに捨てず、保管してください。

STEP1

[給与所得控除後の金額の計算]

● 給与所得控除の速算表（令和2年分以降）

給与収入金額	給与所得控除額
162万5000円以下	55万円
162万5001円～180万円以下	収入金額×40％－10万円
180万1円～360万円以下	収入金額×30％＋8万円
360万1円～660万円以下	収入金額×20％＋44万円
660万1円～850万円以下	収入金額×10％＋110万円
850万1円以上	195万円（上限）

※同一年分の給与所得の源泉徴収票が2枚以上ある場合は、それらの支払金額の合計額を上記の表に適用。

例 給与収入が500万円の場合

給与所得控除額 は

給与収入

➡ 500万円×20％＋44万円＝144万円

給与所得控除後の金額 は

給与収入　給与所得控除額

➡ 500万円－144万円＝356万円

STEP2

課税所得金額の計算へ

給与所得控除は
会社員の経費分と
考えられるね！

STEP 2

［ 課税所得金額の計算 ］

所得控除額の合計金額 は

社会保険料控除　生命保険料控除　基礎控除　所得控除合計

➡ 60万円 ＋ 10万円 ＋ 48万円 ＝ 118万円

課税所得金額 は

給与所得控除後の金額　所得控除合計

➡ 356万円 − 118万円 ＝ 238万円

控除項目は
P.24を確認！

STEP 3

［ 所得税額の計算 ］

● 所得税の速算表（平成27年分以降）

課税所得額（※1000円未満の端数を切り捨て）	税率	控除額
1000円～194万9000円以下	5%	0円
195万円～329万9000円以下	10%	9万7500円
330万円～694万9000円以下	20%	42万7500円
695万円～899万9000円以下	23%	63万6000円
900万円～1799万9000円以下	33%	153万6000円
1800万円～3999万9000円以下	40%	279万6000円
4000万円以上	45%	479万6000円

※2037年までは、所得税額の2.1％の復興特別所得税が課される。

所得税額 は

税率　控除額

➡ 238万円 × 10％ − 9万7500円 ＝ 14万500円

所得税＋復興特別所得税額 は

➡ 14万500円 ＋（14万500円 × 2.1％）＝ 14万3450円

STEP2 にて配偶者控除および配偶者特別控除がある場合

配偶者がいる人の所得控除には「配偶者控除」と「配偶者特別控除」があり、配偶者の所得金額に応じてどちらかの控除を受けられる。配偶者控除は配偶者の所得が48万円以下の場合に適用され、配偶者特別控除は配偶者の年間の合計所得金額が48万1円以上133万円以下で適用。ただし、どちらも控除を受ける納税者本人の合計所得金額が1000万円以下であることが条件。

配偶者の年収が201万6000円
未満なら要チェック！
夫
A
妻
B

● 配偶者控除および配偶者特別控除の速算表（令和2年分以降）

配偶者（B）の合計所得金額		（参考）配偶者（B）の収入が給与所得だけの場合の収入金額	控除を受ける納税者本人の合計所得金額（A）		
			900万円以下	900万1円～950万円以下	950万1円～1000万円以下
配偶者控除	48万円以下	103万円以下	38万円	26万円	13万円
配偶者特別控除	48万1円～95万円以下	103万1円～150万円以下	38万円	26万円	13万円
	95万1円～100万円以下	150万1円～155万円以下	36万円	24万円	12万円
	100万1円～105万円以下	155万1円～160万円以下	31万円	21万円	11万円
	105万1円～110万円以下	160万1円～166万7999円以下	26万円	18万円	9万円
	110万1円～115万円以下	166万8000円～175万1999円以下	21万円	14万円	7万円
	115万1円～120万円以下	175万2000円～183万1999円以下	16万円	11万円	6万円
	120万1円～125万円以下	183万2000円～190万3999円以下	11万円	8万円	4万円
	125万1円～130万円以下	190万4000円～197万1999円以下	6万円	4万円	2万円
	130万1円～133万円以下	197万2000円～201万5999円以下	3万円	2万円	1万円
対象外	133万1円以上	201万6000円以上	0円	0円	0円

例

納税者本人（A）の合計所得が356万円で、配偶者（B）のパート収入が103万円以下の場合は、38万円の控除を受けられる。

07

前年度の所得に対して「住民税」がかかる

住民税2000円も上がった。
なんで…？

6月の給与で、住民税が上がったのはなぜ？

住民税額は前年の所得に対して決まるんだけど、その更新が行われるのが6月なんだ

居住地の自治体に納める地方税

住民税は、地域社会で必要となる費用を住民が分担して支えるために納める地方税です。「都道府県民税」と「市区町村民税」を合わせたものをいいます。

その年の1月1日に居住している場所で課税され、大半の人が住民税の納税義務を負います。ただし、所得のない人や生

［ 住民税の標準税率 ］

種別	都道府県民税	市区町村民税	合計
所得割	4%	6%	10%
均等割(※)	1000円	3000円	4000円
復興特別住民税	500円	500円	1000円

住民税には、所得に応じた負担を求める「所得割」と定額の負担を求める「均等割」がある。課税所得額の10%に均等割（復興特別住民税含む）の5000円を加算したものが1年間の税額になる。

※地域により超過課税を実施している場合あり。2024年度からは森林環境税1000円が新設される。

復興特別住民税

2013年度から2023年度までの10年間、「都道府県民税」と「市区町村民税」でそれぞれ年間500円、合計1000円が追加で徴収され、地方自治体が実施する防災事業の財源になっている。

控除額は
所得税と住民税で
異なるので注意！

課税所得が123万円の場合の住民税額（年額） は

➡ 123万円×10%＝12万3000円（所得割）

12万3000円（所得割）＋4000円（均等割）＋1000円（復興特別住民税）＝12万8000円

活保護受給者、前年の所得が一定金額を下回った場合は非課税となることもあります。

住民税の徴収方法は会社員と個人事業主で異なります。**会社員などの給与所得者は、前年の所得に対して納めるべき住民税額を、会社が6月から翌年の5月までの12回分を給与から天引きして納税する「特別徴収」**です。一方、個人事業主は、毎年6月に市区町村から送付される納税通知書に従って、年4期の支払月に納税します。

住民税額は所得税と同様に課税所得に応じて決定しますが、基礎控除額など住民税の所得控除額のほうが少なくなります。所得税の課税所得額と住民税の課税所得額は異なるため、所得税は非課税でも、住民税は課税になることがあります。

08

税額が決まる「年末調整」と「確定申告」

［ 源泉徴収額との精算をする年末調整 ］

年末調整とは…	徴収すべき所得税の総額を再計算し、源泉徴収した額との過不足を調整する手続き。勤務先から配られる年末調整用の書類を提出する必要がある。

納める住民税が決まる重要な手続き

本来個人で納付する税金ですが、会社員はなぜ給与から天引きされるのでしょうか。税金や社会保険料（34ページ）を個人に代わって会社が納付する仕組みを「源泉徴収制度」といいます。この制度は、徴税事務を簡略化し、税金の徴収もれを防ぐために実施されています。

確定申告って、オレはやらなくていいの？

会社員は年末調整で基本的には大丈夫。ただ、例外もあるからしっかり勉強しておこう

確定申告が必要なケース

確定申告をしなくてはいけない人

- □ 年間の給与が2000万円以上
- □ 給与以外の収入が20万円以上ある
- □ 2カ所以上から給与をもらっている(※1)
- □ 多額の遺産を相続した
- □ 贈与を受けた
- □ 不動産所得がある

↓

確定申告をして
納税

※1 本業と副業のダブルワークの場合、年末調整は本業の勤務先のみで行い、副業については確定申告で納税額を確定する。

確定申告するとお得な人

- □ 住宅ローン控除を受ける初年度
- □ 退職して再就職をしなかった
- □ 自宅を省エネ、耐震、バリアフリーに改修した
- □ 高額な医療費がかかった
- □ 寄附をした(※2)

↓

確定申告をして
還付

※2 寄附のうち「ふるさと納税」は、確定申告が不要になる「ワンストップ特例制度(P.38)」がある。

確定申告のスケジュール

前年 1/1 ～ 前年 12/31
所得の課税対象期間
確定申告の対象となる所得は前年の1年間の所得

今年 2/16 ～ 今年 3/15
確定申告期間
所得税の納付期限も確定申告の期限と同じ3月15日

3月 ～ 5月
還付時期
税金を払いすぎていた場合、その分が5月頃までに戻る

毎年12月には確定した年収を基準に税金を正式に計算しなおします。これが「年末調整」です。その際に個人の事情に応じた控除を行うため、10月～12月に「保険料控除申告書」などの書類提出を求められるのです。

一方で、**個人事業主などが1年間の所得を申告して納める税額を確定する手続きが「確定申告」**です。会社員は勤務先で年末調整を行うので、普通は確定申告の必要はありません。

ただし、年末調整では申告できない控除があります。代表例が**住宅ローン控除の最初の年**です。2年目以降は年末調整ができますが、1年目のみ確定申告が必要です。**高額な医療費を支払っていた場合や退職して年末調整ができなかった人**なども確定申告が必要になります。

09

税金だけじゃない！負担が増える社会保険料

[税金＆社会保険料の負担率]

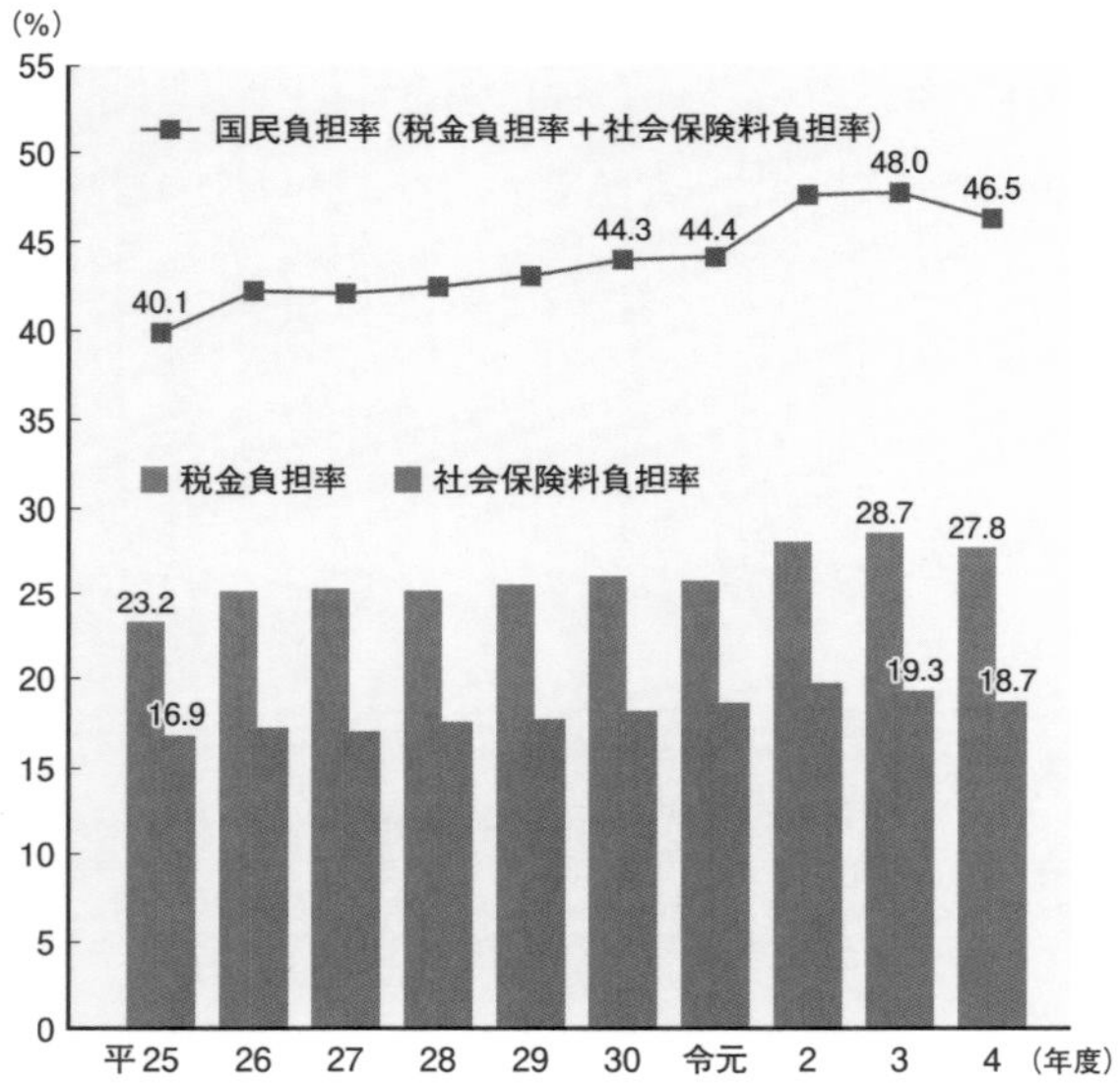

出典：財務省

社会保険料の料率は上がっている

給与から天引きされるのは、税金だけでなく、「社会保険料」も同じです。社会保険は正社員以外に、一定の条件を満たすパートやアルバイト従業員にも加入が義務づけられています。

会社員が加入する社会保険は①健康保険、②介護保険、③厚生年金保険、④雇用保険、⑤労

［ 給与から天引きされる社会保険料 ］

健康保険料

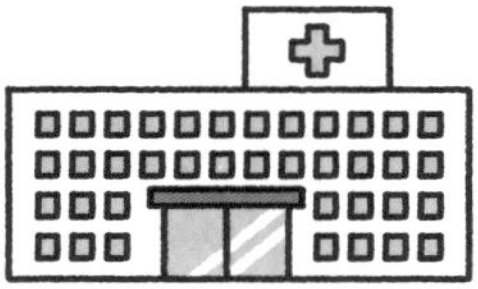

労働中の事故や災害ではない病気やケガの治療費、仕事を休んで給料をもらえないときの「傷病《しょうびょう》手当金」の給付を受けられる。保険料は、原則として会社が半分負担する。

介護保険料（40歳以上）

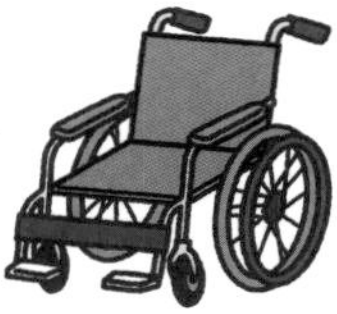

40歳以上の人が加入し、介護が必要になったときに介護サービスを受けられる。40〜64歳までは、加入する医療保険に健康保険料の一部として納める。保険料は、原則として会社が半分負担する。

厚生年金保険料

70歳未満の会社員や公務員などが加入する公的年金制度にかかる保険料。老齢厚生年金は老後に受け取れる年金として、原則65歳から受給できる。保険料は、原則として会社が半分負担する。

雇用保険料

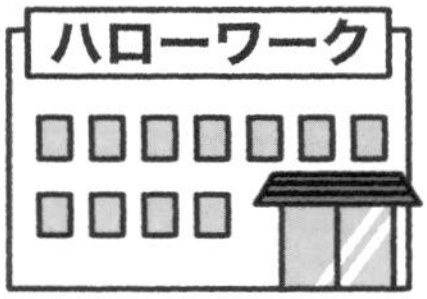

失業時に生活の安定と再就職の促進のために給付が受けられるほか、育児や介護のために休業して給料を受け取れないときにも給付を受けられる。保険料は、業種によって会社と従業員の負担割合が異なる。

災保険の5つがあります。このうち、労働中の事故やケガを補償する労災保険の保険料は会社が全額負担するので、従業員の負担はありません。

社会保険料は4月〜6月の報酬月額の平均（標準報酬月額）に基づいて決定され、保険料の変更タイミングはその年の9月です。4月〜6月に残業が集中すると給与額が増えて標準報酬月額がアップし、保険料も上がります。なお、9月〜翌8月までの社会保険料は一定ですが、大幅に給与が変動する場合は、保険料がその都度増減します。

支払うだけでなく、医療費や老齢年金などの恩恵がある保険制度なので、保険料が高いかどうかは個人の感覚によります。とはいえ、社会保険料の料率が上がっているのは事実です。

10

今からできる節税①

「ふるさと納税」で楽しくお得に節税

ふるさと納税をしている人
同じ年収500万円でも…
ふるさと納税をしていない人
米
おトク！
何もナイ！
実質2000円でこんなに返礼品をもらえた！
納税しているのに何ももらえない…

実質負担2000円で返礼品が受け取れる

「ふるさと納税」は、地方と大都市との格差是正や人口減少地域の税収減少の対策として2008年5月より開始された寄附金税制です。「節税対策をしたいのに、なぜ納税するの？」と疑問に思うかもしれません。納税という名が付いていますが、実際には都道府県、市区町村へ

レイナ：ふるさと納税でほしい品たくさん見つけたの

カメ先生：いいね。でも、まずふるさと納税ができる上限額を確認してね

レイナ：わかった！ そうする

［ ふるさと納税の仕組み ］

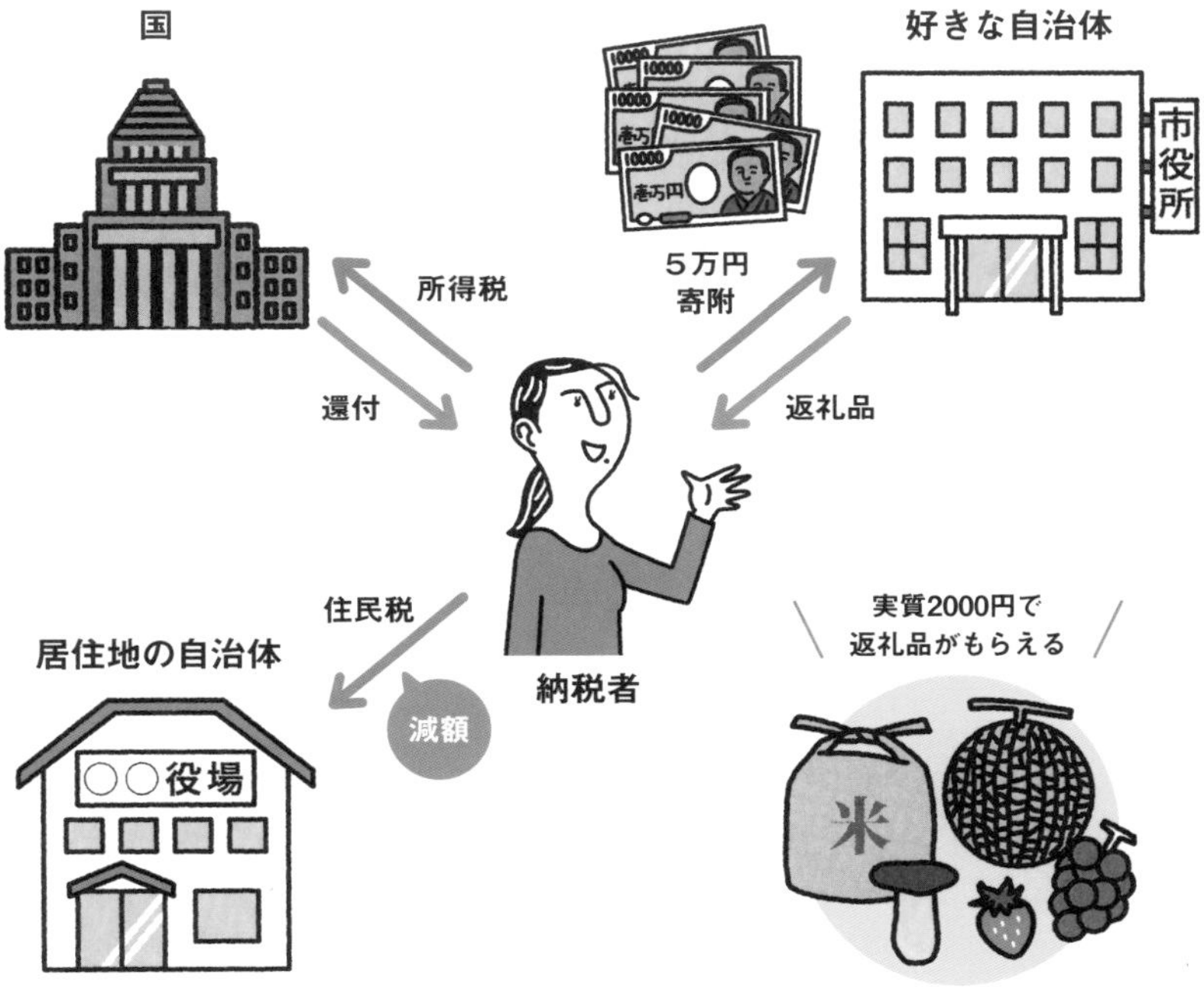

居住地の自治体に納める税金を任意の自治体に寄附できる制度。寄附金のうち2000円を超える部分については所得税の還付、住民税の控除が受けられるうえ、地域の名産品などの返礼品をもらえるお得感がある。

の「寄附」になります。

一般的に自治体に寄附をした場合、確定申告を行うことで、その寄附金額の一部が所得税および住民税から控除されます。**ふるさと納税では、寄附金のうち２０００円を超える部分については所得税の還付、住民税の控除を受けられます。**

税金の控除を受けて応援したい地域に寄附し、その使い道を指定することもできますが、それだけがふるさと納税の魅力ではありません。**ふるさと納税が人気な理由は、寄附した自治体から寄附額の30%以内で地域の名産品などの返礼品をもらえる仕組みにある**といえます。

ただし、控除上限額は収入や家族構成により異なります。上限額を超える分は控除されないことを覚えておきましょう。

[ワンストップ特例制度の申請条件]

確定申告を行わずに寄附金控除を受けられる、ふるさと納税の「ワンストップ特例制度」。控除される総額は同じだが、本制度を利用する場合はすべて住民税からの税額控除になる。

条件1

もともと確定申告をする必要がない給与所得者であること

会社員などの給与所得者で、確定申告の必要がない人が対象（P.33参照）。確定申告が必要な個人事業主などは、ワンストップ特例制度を利用できない。給与所得者であっても給与収入が2000万円を超えていたり、年末調整ができない医療費控除などの申請をする場合は、確定申告が必要になる。

条件2

1年間の寄附先が5自治体以内であること

ワンストップ特例制度を申請するには、ふるさと納税を申し込む自治体が5カ所以内というルールがある。6自治体以上に申し込んだ場合は、確定申告をする必要がある。ただし、同じ自治体であれば複数回申し込んでも、1自治体としかカウントされない。

条件3

申し込みのたびに自治体に申請書を郵送していること

ふるさと納税を行う際にワンストップ特例制度の利用を申し込むと、自治体から「寄附金税額控除に係る申告特例申請書（ワンストップ特例申請書）」が送付される。この申請書に必要事項を記入し、指定された本人確認書類と一緒に自治体へ郵送する必要がある。

[人気のふるさと納税サイト]

ふるなび

家電の返礼品が充実

最大12%相当のふるなびコインの還元があり、PayPayやdポイント、Amazonギフトカードに交換できる。

楽天ふるさと納税

高いポイント還元率

楽天カードユーザーは最大30%の高いポイント還元率。実質負担の2000円をポイントで還元できることも。

ふるさとチョイス

利用者数No.1

全国1788の自治体、46万点以上の地域の名産品を掲載。利用者数のトップを誇る老舗ふるさと納税サイト。

［ ふるさと納税の控除上限額 ］

年収や家族構成などによって、寄附の上限額（＝控除を受けられる限度額）が決められている。

住宅ローン控除や医療費控除などの控除がある場合は、上限額が減るので注意。

ふるさと納税を行う本人の給与収入	独身	共働き夫婦			妻（夫）が専業主婦（夫）の夫婦		
		子どもなし（または中学生以下の子）	子ども1人（高校生）	子ども2人（大学生と高校生）	子どもなし（または中学生以下の子）	子ども1人（高校生）	子ども2人（大学生と高校生）
300万円	2万8000円	2万8000円	1万9000円	7000円	1万9000円	1万1000円	–
400万円	4万2000円	4万2000円	3万3000円	2万1000円	3万3000円	2万5000円	1万2000円
500万円	6万1000円	6万1000円	4万9000円	3万6000円	4万9000円	4万円	2万8000円
600万円	7万7000円	7万7000円	6万9000円	5万7000円	6万9000円	6万円	4万3000円
700万円	10万8000円	10万8000円	8万6000円	7万5000円	8万6000円	7万8000円	6万6000円
800万円	12万9000円	12万9000円	12万円	10万7000円	12万円	11万円	8万5000円
900万円	15万2000円	15万2000円	14万1000円	12万8000円	14万3000円	13万2000円	11万9000円
1000万円	18万円	18万円	16万6000円	15万3000円	17万1000円	15万7000円	14万4000円
1200万円	24万7000円	24万7000円	23万2000円	21万9000円	24万7000円	22万9000円	20万6000円
1500万円	39万5000円	39万5000円	37万7000円	36万1000円	39万5000円	37万7000円	36万1000円

出典：総務省「全額控除されるふるさと納税額（年間上限）の目安」

今からできる節税②

節税&資産形成の柱！
「iDeCo」「NISA」

私も始めたいけど、「iDeCo」「NISA」どっちがいい？

レイナ：iDeCoとNISAでお金が増えるんでしょ？やってみたい

カメ先生：じゃあ、さっそくどんなメリットがあるかを説明するね。善は急げ！

税制優遇を受けながら資産を増やせる

年末調整や確定申告時にもれなく控除を受けるのは節税の基本です。さらに昨今は〝節税しながら資産を増やす〟ことを考えるべき時代です。そこで、税制優遇を受けながら資産を形成できる「iDeCo」と「NISA」が注目されています。

「iDeCo（個人型確定拠出年金）」

「iDeCo」「NISA」のメリット

iDeCo《イデコ》

どんなメリット？

3つのタイミングで税制の優遇を受けられる

① **掛金が全額控除**
毎年の所得税＆住民税が減る

② **運用益が非課税**
利益がまるまる手元に残る

③ **年金受け取り時にも大きな控除**
受け取り方に応じて「公的年金等控除」「退職所得控除」の対象になる

詳しくは、Part2へ

NISA《ニーサ》

どんなメリット？

NISA口座で投資した運用益に対する利益が非課税

↓

利益がまるまる残る！

例 **投資で10万円の利益が出た場合**

NISA口座以外なら受け取れる額は約8万円
特定口座や一般口座で10万円の利益が出ると20.315％の税金が課される。つまり、手元に残るのは約8万円に減る

NISA口座なら受け取れる額は10万円
NISA口座なら利益に対する税金がかからない。10万円の利益が出たら、10万円がまるまる手元に残る

詳しくは、Part3へ

は、**拠出した掛金を運用し、資産を形成する年金制度**です。65歳になるまで掛金を拠出でき、60歳以降に老齢給付金を受け取れます。最大のメリットは掛金の全額が所得控除の対象になることで、通常では課税対象になる運用益も非課税です。年金の受け取り時にも受けられる控除があります。

「ＮＩＳＡ」は、２０１４年１月にスタートした、個人投資家のための税制優遇制度です。通常、株式や投資信託などは、運用益に約20％の税金がかかりますが、ＮＩＳＡ口座で購入した金融商品から得られる利益については非課税です。２０２４年には投資可能な金額が増えるほか、非課税期間の制限がなくなるなど、「新ＮＩＳＡ」としてさらに活用の幅が広がります。

もっと知りたい！

税金のQ&A

Q1 節税して脱税にならない？

A 脱税は、売上や経費をごまかして、不正に税徴収を免れる犯罪行為。これに対して節税は、各種税法で決められたルールの範囲内で税の負担を軽くする行為。 節税は個人の権利なので、何も問題はない。できうる節税対策は講じていくことが大事。

Q2 セルフメディケーション税制って？

A 健康診断などを行っている人が、薬局で特定の医薬品を1万2000円以上購入した場合、住民税と所得税を合算で最大８万8000円まで控除できる「セルフメディケーション税制」。ただこの控除を受けると、通常の医療費控除は受けられない。

対象となる人

- 所得税と住民税を納めている
- １年間で健康診断や予防接種など、健康や疾病への取り組みをしている
- 対象となる医薬品を１万2000円以上購入している

対象となる医薬品はここでチェック！
セルフメディケーション対象品目一覧

Q3 新・住宅ローン減税って？

A 住宅ローン減税は、年末時点の住宅ローン残高の一定額を所得税（控除しきれない場合は住民税も）から控除される制度。年末残高に対する控除率は2022年より１％→0.7％に引き下げられたが、対象期間は10年から13年に延長。制度を利用し始めた年は確定申告が必要になる。２年目以降は年末調整で手続きできる。

● 住宅ローン減税による減税額

	新築				中古	
	認定住宅	ZEH水準 省エネ住宅	省エネ基準 適用住宅	一般住宅	認定住宅 (ZEH・省エネ基準)	一般住宅
2022年～ 2023年	35万円×13年 ＝455万円	31.5万円×13年 ＝409万5000円	28万円×13年 ＝364万円	21万円×13年 ＝273万円	21万円×10年 ＝210万円	14万円×10年 ＝140万円
2024年～ 2025年	31.5万円×13年 ＝409万5000円	24.5万円×13年 ＝318万5000円	21万円×13年 ＝273万円	0円	21万円×10年 ＝210万円	14万円×10年 ＝140万円

Q4 医療費が10万円以下でも控除を受けられる？

A 医療費控除は、課税対象の所得から支払った医療費の一部が控除される制度。医療機関の窓口で支払った医療費について、支給される保険金と10万円を差し引いた金額が控除対象。医療費が10万円を超えた場合のみ対象になると思われがちだが、70歳未満では「10万円もしくは総所得金額の5％」の少ないほうを超えた分が対象になる。医療費は生計をともにする家族分も合算できるので、申請者を所得の低いほうにすれば医療費控除のハードルが下がる。

夫婦共働きなら、
収入の少ないほうが申請できる

所得400万円
医療費10万円以上
でないと申請できない

所得180万円
医療費が9万円でも
申請できる

医療費控除の対象になるもの

- □ 治療費や入院費用
- □ 通院のための電車・バスなどの交通費
- □ 治療のためのマッサージ・鍼灸などの費用
- □ 治療のための医薬品代

医療費控除の対象にならないもの

- □ 健康増進のための栄養ドリンク、サプリメント
- □ 予防注射の費用
- □ 通院のためのタクシー代　※一部例外あり
- □ 美容目的の歯列矯正

Q5 保険料控除の仕組みを教えて！

A 生命保険料控除は、支払った保険料の一定額を課税対象の所得から控除できる制度。保険料の種類によって控除額の上限が決まっている。生命保険などは一般生命保険料控除として年間4万円までが控除対象に。そのほか、個人年金保険や介護保険もそれぞれ4万円を上限に控除ができ、合計12万円までが対象になる。

● **生命保険料控除の対象保険と限度額**

対象		2012年以降の契約（新）	2011年以前の契約（旧）
一般生命保険料控除	・生命保険（死亡保険） ・養老保険 ・収入保障保険　など	最高4万円	最高5万円
個人年金保険料控除	・個人年金保険 ※税制優遇特約がセットされているもの	最高4万円	最高5万円
介護医療保険料控除	・介護保険 ・医療保険 ・がん保険　など	最高4万円	―

2012年以降の契約（新）		2011年以前の契約（旧）	
年間の払込保険料	控除額	年間の払込保険料	控除額
2万円以下	保険料の全額	2万5000円以下	保険料の全額
2万1円～4万円以下	（保険料×½）＋1万円	2万5001円～5万円以下	（保険料×½）＋1万2500円
4万1円～8万円以下	（保険料×¼）＋2万円	5万1円～10万円以下	（保険料×¼）＋2万5000円
8万1円～	一律4万円	10万1円～	一律5万円

Q6 退職月で住民税の徴収方法が変わる？

A 住民税額は前年の所得に応じて決定し、翌年6月から支払いが開始。退職するときは、退職時期によって住民税の支払い方法が変わるので注意。また、退職時は住民税の滞納にも注意を。住民税を滞納すると督促状が届くだけでなく、延滞金の支払いも生じる。

● **退職月別の住民税の納付方法**

1～4月	退職月～5月までの住民税を一括で支払う
5月	最後の給与または、退職金から1カ月分の住民税を支払う
6～12月	①残額を一括で支払う ②転職先で特別徴収の継続 ③自身で納付　から選択

Q7 自動車税で損しないためには？

A 車を所有すると納める自動車税。4月1日時点の所有者に課される税のため、4月2日以降に所有した場合は、約1年後まで税負担を免れる。税額は車種や排気量によって異なるが、年間2万5000円～11万円で、毎年納付する必要がある。車を買うなら、4月1日より2日がお得。

4月1日所有	4月2日所有
課税あり	課税なし

Q8 贈与税を節税できる暦《れき》年《ねん》贈《ぞう》与《よ》って？

A 贈与税は、個人から贈与によって財産を取得したときに納める税金。生前に贈与することで相続税を逃れようとする行為を防止する目的があるため、対策なしに行うと税負担が増える可能性も。そこで検討したいのが「暦年贈与」。贈与税は1年間に受け取った財産の合計額から、基礎控除に当たる110万円を差し引いた額に課税される。つまり、毎年110万円以下に分割すれば贈与税が非課税に。これまでも、亡くなる3年以内の贈与は相続財産に加算されていたが、令和5年度の税制改正(※)で7年以内に拡大することが決定しているので注意を。

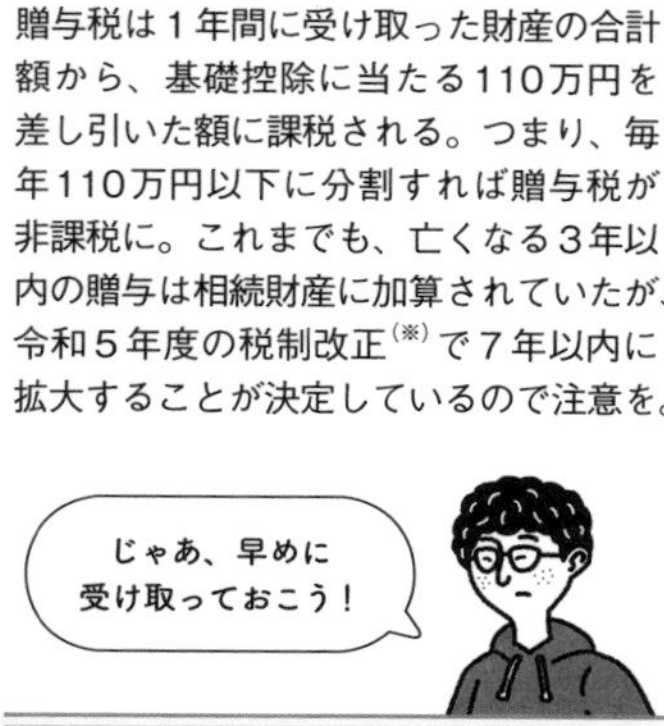

1年で1000万円を一括贈与

贈与税 177万円

10年かけて毎年100万円ずつ

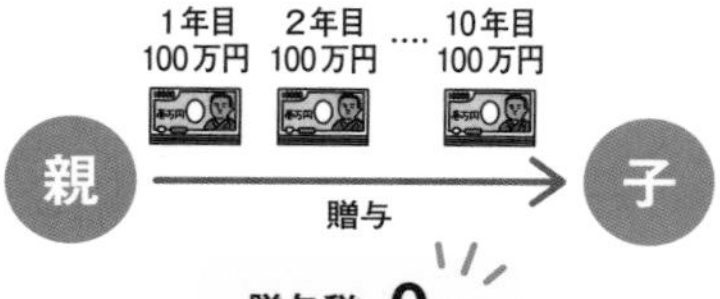

贈与税 0円

※適用は令和6年1月1日から。

Part 2

早いが勝ち！

「iDeCo」を始めよう

公的年金だけでは暮らせない!?

年金は個人で増やす時代

少子高齢化が進むなかで心配されているのが、公的年金の目減り。
老後のお金を国に頼っているだけでは“もう足りない”のが現状。
国民年金や厚生年金だけでなく、個人でできる年金で将来に備えよう。

TOPIC 1

公的年金には期待できない!

現在の年金制度は国の財源に上限がある

マクロ経済スライド

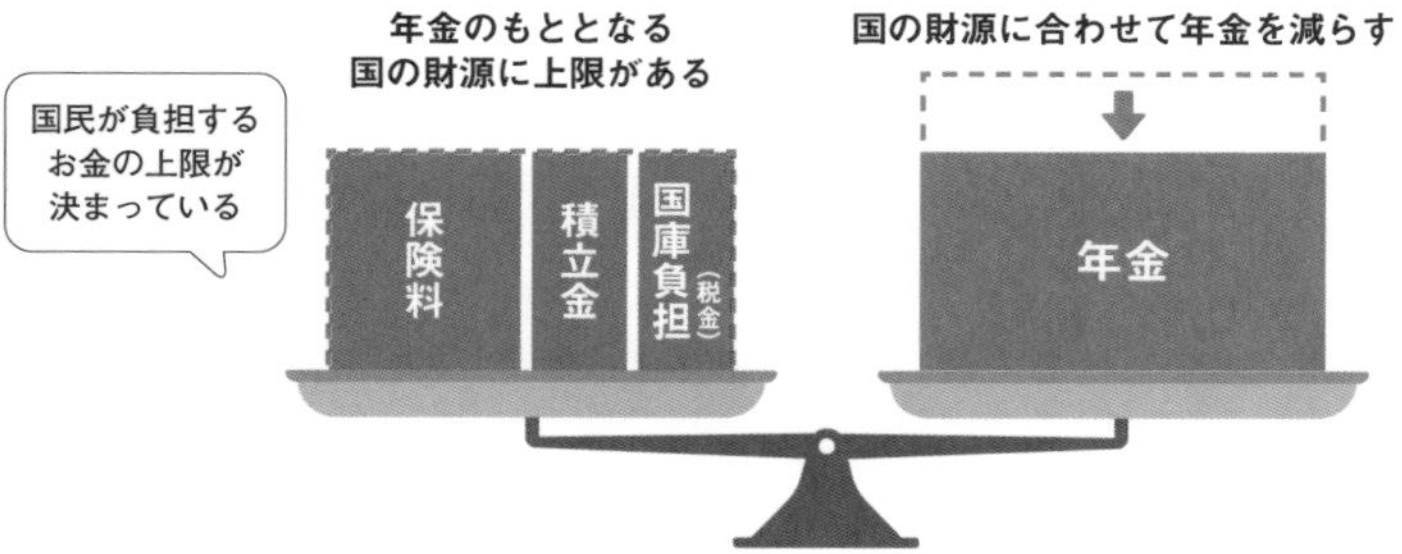
年金のもととなる
国の財源に上限がある
国の財源に合わせて年金を減らす
国民が負担する
お金の上限が
決まっている
保険料
積立金
国庫負担（税金）
年金

公的年金だけでは
老後に不安が
いっぱい!

マクロ経済スライドの目的 ▶ 年金額を保つよりも、支払う世代の負担を減らすことにある!

老齢年金の受け取り額が下がるのは待ったなしの現実

2004年に改正された年金制度で、保険料に上限を設け、それに合わせて年金額を調整していく「マクロ経済スライド」が採用された。年金を払う負担は軽減されるが、もらえる年金が減る可能性が高くなる。2019年に政府が行った推計では、30年後には現在の2割程度、年金の水準が下がると予測されている。

TOPIC 2

国が推奨する「貯蓄から投資」へ

家計の金融資産を投資へ 資産所得の好循環を目指す

2022年、現預金が5割を占める家計の金融資産を投資に振り分けて資産所得を増やす目的で金融庁が発表したのが「資産所得倍増プラン」。iDeCoやNISAをはじめ、国民の投資を後押しする政策が各種打ち出されている。うまく活用して、将来の資産を増やそう。

家計の金融資産に占める現預金比率

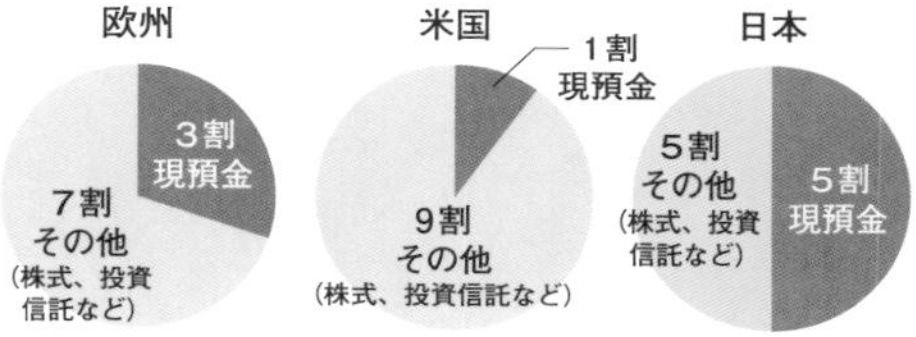

日本は現預金の割合が多い！

TOPIC 3

お金の貯め方は3種類

短期的なお金

使うお金。日々の生活費や冠婚葬祭など突発的に必要になるお金は、すぐに引き出せる普通預金で管理。必要なときに必要な分をさっと現金化できるお金。

中期的なお金

貯めるお金。例えば家電は数年単位で何かしらを買い替えることが多く金額も高め。突発的に引き出すことはないが、安定的に貯めておきたいお金。

長期的なお金

増やすお金。将来の子どもの学費、老後の資金などが該当。使うのはずっと先なので、投資信託などで資産を増やすことにもチャレンジしたいお金。

おすすめがiDeCo！

長期的なお金は
資産運用で増やそう！

01

iDeCoは個人で加入する年金

いろんな年金で
将来のお金を
増やす！

将来は年金があれば
安心ですよね？
年金は将来減る
見込みが大きいんだよ

そうなの!?　じゃあ
何か対策が必要ね

お金の不安を減らす第3の年金制度

　私たちは国民年金、厚生年金といった、老後のためにお金を積み立てる公的年金に加入しています。ですが、この不安定な時代に、数十年先の未来に本当にそのお金が、生活が安心してできるほどの年金額として自分たちに返ってくるのか。そこに不安を抱えている人も多いので

加入できる年金は人によってちがう

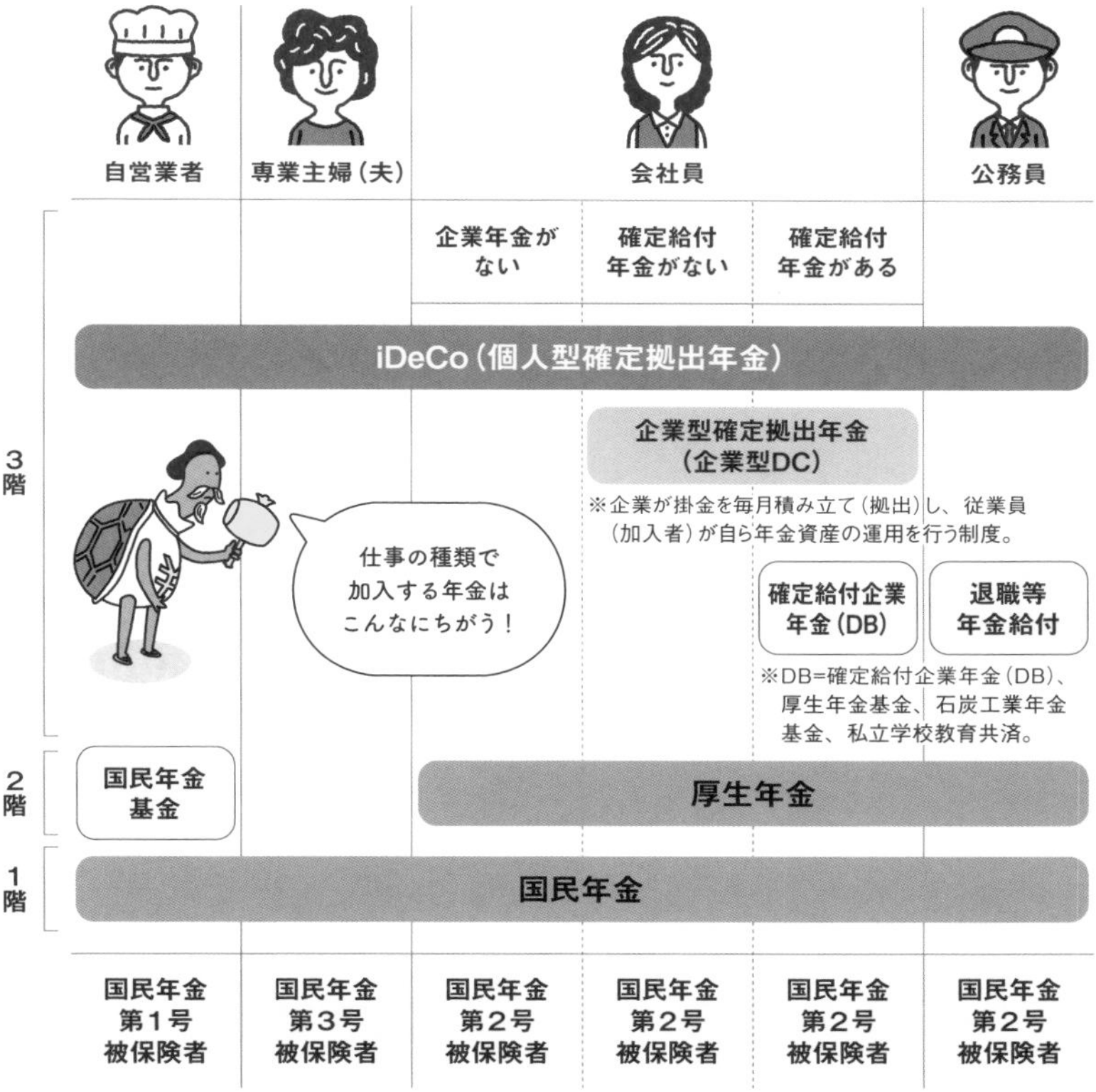

はないでしょうか。

そんな将来の不安を解消するために、今注目されているのが、**国民年金や厚生年金とは別に個人でお金を積み立てて、将来の年金に上乗せするというもの。それが、「iDeCo（個人型確定拠出年金制度）」**です。

国民年金が1階、会社に勤務しているのならそこに厚生年金が上乗せされて2階、そこにさらに増やせるのがiDeCoです。会社員なら**3階建てで将来の資産形成**ができます。

iDeCoは、単にお金の積立ができるだけではなく、iDeCoならではのメリットが数多くあることから、大きな注目を集めています。

将来のお金を確実に増やしておきたいという人は、ぜひ知っておきたい制度です。

02

iDeCoに加入する
3つのメリット

メリット
No.1を
選びたい！
2
1
3

将来のお金を増やす私的年金のメリット

iDeCoは私的年金制度のひとつ。自分で申し込みを行い、掛金を拠出し運用方法も自分で選べて、掛金と運用で得た利益を給付として将来受け取ることができるというものです。

年金と積立投資、両方の要素をもち合わせているのが特徴で、老後資金を増やすために有効な方法です。

iDeCo以外にもさまざまな老後資金を増やす方法があります。しかしiDeCoには、**公的年金や積立投資にはないメリットが多くあります。それが掛金、運用益、受け取り時にある3種類の税金控除**です。

どんな税金のメリットがあるのか具体的にみていきましょう。

iDeCoのメリット❶

［ 掛金が全額所得控除 ］

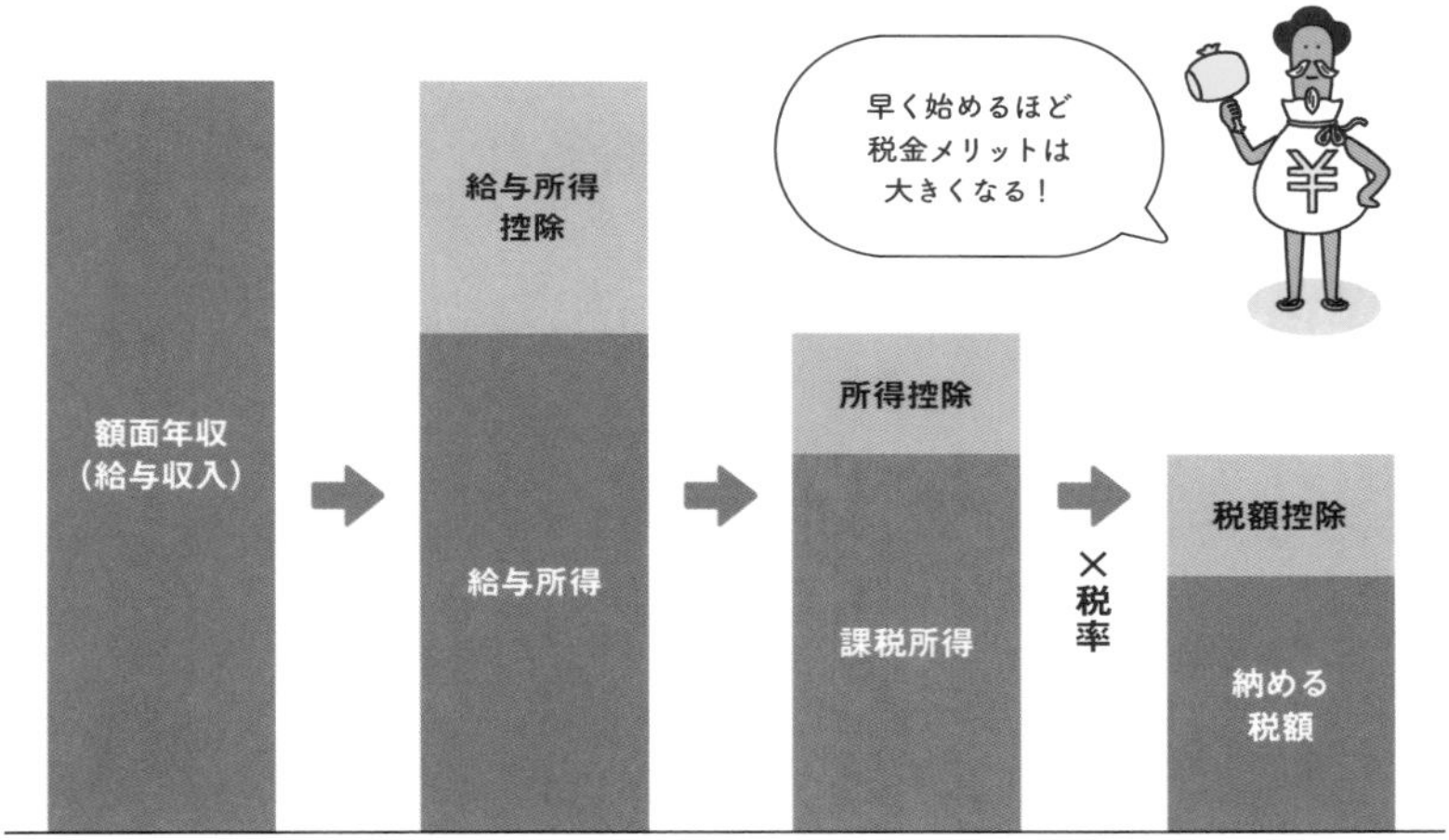

例　所得税率10％の人が、毎月２万円ずつ積み立てると……

iDeCo掛金（年間）　所得税率　住民税率　節税額（年間）

24万円×（10％＋10％）＝4万8000円

30年続けたら

合計144万円の節税に！

月々の掛金がすべて所得控除に

1つめは、**月々の掛金の全額所得控除**になります。通常、所得金額に対して所得税と住民税を支払っています。所得金額が高いほど、所得税と住民税も上がるという仕組みですが、**iDeCoの掛金は所得金額から控除されるので、所得税と住民税を軽減する**ことができます。

毎月2万円をiDeCoで積み立てた場合、年間24万円が所得控除の対象となります。所得税率、住民税率をそれぞれ10％とした場合、年間の節税額は4万8000円。これを30年続ければ144万円の節税になります。**一般の株式は投資額が控除対象になることはないので、これは大きなメリット**です。

iDeCoのメリット❷

［ 運用益が非課税になる ］

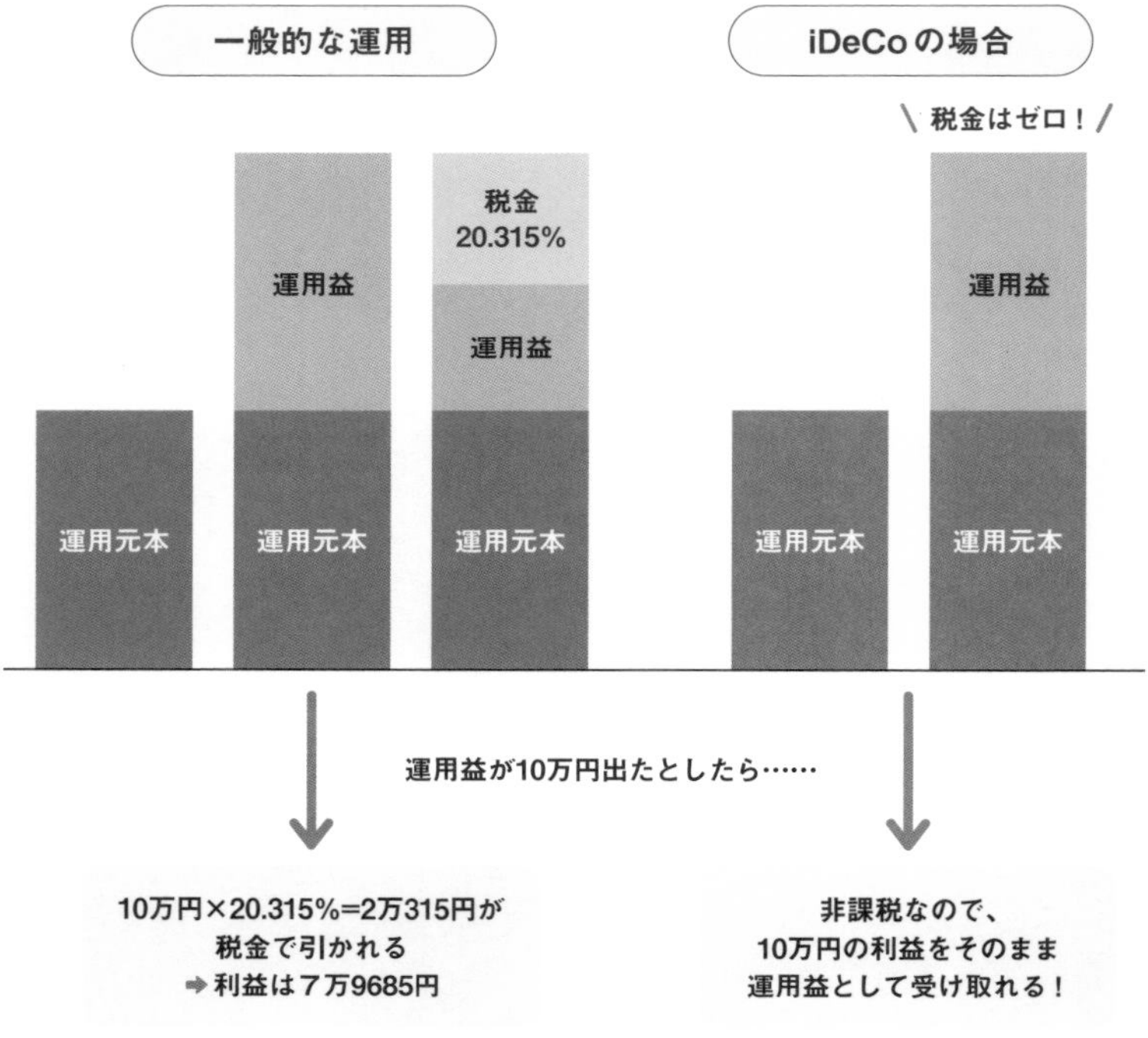
一般的な運用
iDeCoの場合
税金はゼロ！
運用元本
運用元本
運用益
運用元本
運用益
税金
20.315%
運用元本
運用元本
運用益
運用益が10万円出たとしたら……
10万円×20.315%=2万315円が
税金で引かれる
➡利益は７万9685円
非課税なので、
10万円の利益をそのまま
運用益として受け取れる！

運用益が100％非課税で再投資できる

2つめは、運用益の非課税です。株や積立投資など、**金融商品を運用する場合、運用によって出た利益（運用益）に対して20・315％が課税**されます。10万円の運用益が出た場合は、およそ2万円が税金となり、実質の利益は約8万円に減ります。

iDeCoなら、この運用益は非課税なので、100％再投資することができます。ほかの金融商品なら8万円になるところが、10万円そのままが利益になり、投資の原資を増やしていくことができるので、非常に効率よく運用することができます。

運用益の非課税には、〝節税〟〝運用の原資アップ〟という2つの効果があります。

iDeCoのメリット③

受け取り時にも控除がある

公的年金等控除

iDeCoを分割で受け取る場合には、公的年金と同じ雑所得扱いとなり、課税対象となる。そこで適用されるのが公的年金等控除。年齢によって異なるが、受け取り時の年間所得の合計が1000万円以下の場合、一定の金額が非課税に。

年金収入 ＋ 所得 ＝1000万円以下

非課税の金額
65歳未満 ➡ 年間60万円まで
65歳以上 ➡ 年間110万円まで

退職所得控除

iDeCoを一括で受け取る場合は退職所得控除が適用される。控除金額は会社の勤続年数によって異なるので注意。退職金とiDeCoの一括受け取りから退職所得控除が差し引かれるため、金額によっては分割受け取りのほうが節税額が大きい場合がある。

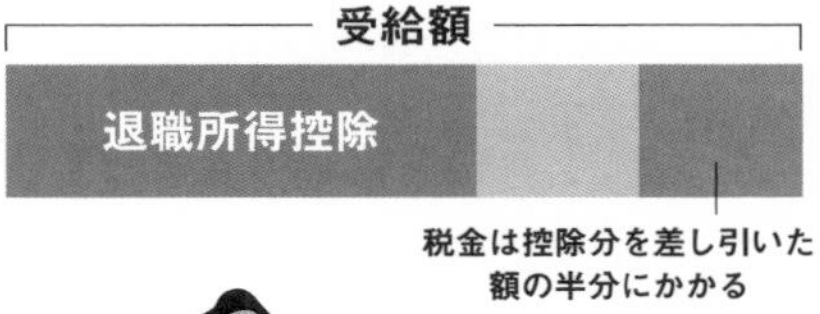
受給額
退職所得控除
税金は控除分を差し引いた額の半分にかかる

控除額によっては分割がお得になることも！

一括か分割かで控除金額が変わる

3つめは、受け取り時にある税金控除です。iDeCoの受け取りは、まとめて一括で受け取る一時金か、公的年金のように毎月少しずつ分割で受け取るか、もしくはその両方を併用しながら受け取るかを選ぶことができます。

一括受け取りなら退職所得控除、分割で受け取りなら公的年金等控除が適用されます。

自分がどちらを選べば控除額が大きいか、会社勤務をしていて退職金を受け取る場合、公的年金の金額などいろいろな条件によって異なります。一括で受け取りたい、分割にしたいなど希望に加えてぜひ節税メリットも考慮しましょう。

iDeCoの投資額には上限がある

03

ヒロキ：iDeCoをすれば いくらでもお金が 増やせるってこと？

カメ先生：iDeCoには積立の 上限があるから 天井知らずではないよ

働き方によって掛金の上限が変わる

掛金、運用益、受け取り時と3つの税制優遇を受けられるので、できるならたくさんの金額をｉＤｅＣｏに回したいと思うかもしれませんが、ｉＤｅＣｏには掛金の上限があります。

ｉＤｅＣｏは月々５０００円以上、１０００円単位で、自分で掛金を決められますが、いく

働き方別投資上限額

加入資格		拠出限度額
自営業者・学生など（第1号被保険者・任意加入被保険者）		月額6万8000円（年額81万6000円）国民年金基金または、国民年金付加保険料との合算額
会社員・公務員等（第2号被保険者）	会社に企業年金がない会社社員	月額2万3000円（年額27万6000円）
	企業型DC※1のみに加入している会社員	月額2万円 月額5万5000円－各月の企業型DCの事業主掛金額（ただし、月額2万円を上限）
	DB※2と企業型DCに加入している会社員	月額1万2000円（年額14万4000円）月額2万7500円－各月の企業型DCの事業主掛金額（ただし、月額1万2000円を上限）
	DBのみに加入している会社員	月額1万2000円（年額14万4000円）
	公務員	月額1万2000円（年額14万4000円）
専業主婦（夫）（第3号被保険者）		月額2万3000円（年額27万6000円）

2024年からこう変わる！
2024年12月から、第2号被保険者（会社員・公務員等）が、企業型DCやDBの加入状況にかかわらず、拠出限度額の上限が2万円に引き上げられる（月額5万5000円－各月の企業型DCの事業主掛金額）。

※1 企業型DC＝企業型確定拠出年金
※2 DB＝確定給付企業年金（DB）、厚生年金基金、石炭鉱業年金基金、私立学校教職員共済

らでも増やせるわけではありません。掛金の上限は、働き方と勤務先が企業型確定拠出年金に加入しているかどうかなどによって異なってきます。自分の月額の上限がいくらになるのかは事前に確認しましょう。

掛金が最大となるのは、自営業者の６万８０００円。これは加入している国民年金基金との合算の上限となります。

最も掛金の上限が低いのが会社員で、企業型確定拠出年金に加入している人。この場合、現在は月１万２０００円の限度ですが、**２０２４年からは、ほかの会社員同様に月額２万円に引き上げられます。**

確定拠出年金は、60歳にならないと引き出せない資産。今の生活を圧迫しないように掛金を決めるようにしましょう。

企業型DCとの併用をする方法

04

私にはどっちが
向いているのか

企業型DCに上乗せしたほうが楽そう！
メリットばかりではないぞ
きちんと考えないといけないんですね
レイナ

マッチング拠出かｉＤｅＣｏを独自に行うか

確定拠出年金には、個人が行うｉＤｅＣｏのほかに「企業型確定拠出年金（企業型ＤＣ）」があります。これは、企業が退職金制度のひとつとして導入していて、掛金を企業が負担し積立を行ってくれる制度。**離職する場合には、企業型ＤＣの資産を個人のｉＤｅＣｏに移換すること**

［ 企業型DCのマッチング拠出を賢く使う ］

マッチング拠出年金のメリットとデメリット

メリット ○
- 口座管理がひとつで済む
- 口座維持の手数料を企業負担にできる

デメリット ×
- 企業の掛金より多く掛けられない
- 運用商品が限られる

● 会社員のiDeCo掛金の上限額

	現行	2024年12月以降
企業型DCとDB	月額2.75万円ー各月の企業型DCの事業主掛金（月額1.2万円が上限）	月額5.5万円ー（各月の企業型DCの事業主掛金＋DB等の他制度掛金相当額）（月額2万円が上限）
企業型DCのみ	月額5.5万円ー各月の企業型DCの事業主掛金（月額2万円が上限）	月額5.5万円ー各月の企業型DCの事業主掛金（月額2万円が上限）
DBのみ	1.2万円	月額5.5万円ーDB※等の他制度掛金相当額（月額2万円が上限）
企業型DC・DB共になし	2.3万円	2.3万円

※確定給付企業年金（DB）、厚生年金基金、石炭鉱業年金基金、私立学校教職員共済。

ができる、ポータビリティがあるのも特徴です。２０２２年10月から従来は不可だった、企業型ＤＣとｉＤｅＣｏを併用することも可能になりました。

企業型ＤＣでは会社の掛金に、加入者本人が上乗せをすることが可能で、これを「マッチング拠出」といいます。勤務先の企業がマッチング拠出を採用している場合に限りますが、この場合は会社の掛金と自分の掛金の合計が５万５０００円におさまるように決められていて、個人が上乗せできる上限は２万７５００円となります。

マッチング拠出を行っている人は、ｉＤｅＣｏには加入できません。マッチング拠出にするか、個人でｉＤｅＣｏにするかはメリット、デメリットを見極めて選択しましょう。

05

加入前に知っておきたいこと

ねえ、本当に加入して
大丈夫なの？

iDeCoにもデメリットはある

iDeCoは、税制優遇のメリットが大きく、老後の資産形成の手段として非常に有効ですが、加入前に知っておきたいことがいくつかあります。

iDeCoは、私的年金といわれるように、年金を個人で積み立てる制度なので、原則として**掛金を途中で解約して引き出すことはできません。**加入期間の長さによって受給開始年齢が異なりますので、今から始めたらいつから受給が可能か、それまでの生活に影響しないように設定する必要があります。

そのほかにも、**掛金の変更が自由にできない**、**運用によっては思ったような年金額にならない場合がある**などがあります。

iDeCoを始める前に確認

60歳までは引き出せない

私的年金とも呼ばれるiDeCo。公的年金と同じように、加入して支払う掛金は原則60歳まで引き出すことができない。受給開始年齢は、加入期間によって異なるので、自分の場合は何歳から受給できるかなどを確認しておこう。

● iDeCoの加入期間別受給開始年齢

加入期間	受給開始年齢
10年以上	60歳
8年以上10年未満	61歳
6年以上8年未満	62歳
4年以上6年未満	63歳
2年以上4年未満	64歳
1カ月以上2年未満	65歳

手数料がかかる

加入時、運用中、受け取り時に手数料がかかる。金融商品を運用する場合は、信託報酬や購入時（販売）手数料などのコストが発生する。iDeCoの場合、購入時（販売）手数料はかからないが、加入時の手数料、金融機関に支払う手数料があるのが特徴。

● iDeCoのおもな手数料

加入時手数料		2829円
運用期間中手数料	収納手数料	月額105円
	事務委託手数料	月額66円程度
	口座管理手数料	月額0～450円
	給付時	440円（給付の都度）

元本割れの可能性がある

iDeCoは運用商品を自分で選ぶことが可能だが、運用がうまくいかなかった場合は元本割れすることも。iDeCoの運用商品には、投資信託のほかに、着実に掛金を増やすことを重視した人に向く保険や積立がある。自分が将来どのくらいのお金を増やしたいのかを考えて選ぶようにしよう。長期運用できる場合はリスクが分散できるので、早くスタートしたほうがリスクもカバーしながら運用益を増やすことが期待できる。

掛金の変更は年に1回しかできない

掛金が多いほど早くお金が増えるので頑張りたいという人も多いかもしれないが、注意したいのが掛金の変更は年に1回しかできないということ。急な出費などがあったときに手元にお金がないと困るので、今の暮らしに影響がないように掛金を決めよう。

知らないと
後悔することもあるので
しっかり確認！

［ iDeCoの節税シミュレーション ］

自分がiDeCoを始めることで将来どのくらいのメリットがあるのか？
年齢や期間などを設定して、シミュレーションをしていこう。

CASE1 会社員（DBのみ加入）・公務員が毎月1万2000円を積み立てた場合

スタート年齢25歳

年収	iDeCo加入前の税額	iDeCo加入後の税額	節税額	65歳になるまで積み立てた場合の税制優遇額合計
	上段は所得税／下段は住民税			
200万円	2万7610円	2万410円	2万1600円	86万4000円
	6万220円	4万5820円		
300万円	5万5415円	4万8215円	2万1600円	86万4000円
	11万5830円	10万1430円		
400万円	8万5220円	7万8020円	2万1600円	86万4000円
	17万5440円	16万1040円		
500万円	13万8550円	12万4150円	2万8800円	115万2000円
	24万1050円	22万6650円		
600万円	20万4160円	18万9760円	2万8800円	115万2000円
	30万6660円	29万2260円		
700万円	31万5040円	28万6240円	4万3200円	172万8000円
	37万6270円	36万1870円		
800万円	46万6260円	43万7460円	4万3200円	172万8000円
	45万1880円	43万7480円		

● スタート年齢別税制優遇

65歳になるまで積み立てた場合のスタート年齢別税制優遇額合計

スタート年齢／年収	30歳	35歳	40歳	45歳	50歳	55歳
200万円	75万6000円	64万8000円	54万円	43万2000円	32万4000円	21万6000円
300万円	75万6000円	64万8000円	54万円	43万2000円	32万4000円	21万6000円
400万円	75万6000円	64万8000円	54万円	43万2000円	32万4000円	21万6000円
500万円	100万8000円	86万4000円	72万円	57万6000円	43万2000円	28万8000円
600万円	100万8000円	86万4000円	72万円	57万6000円	43万2000円	28万8000円
700万円	151万2000円	129万6000円	108万円	86万4000円	64万8000円	43万2000円
800万円	151万2000円	129万6000円	108万円	86万4000円	64万8000円	43万2000円

会社員、公務員の
節税シミュレーションは
ここでできる！

CASE 2 会社員（企業年金あり・企業型DCのみ）が毎月2万円を積み立てた場合

スタート年齢25歳

年収	iDeCo加入前の税額	iDeCo加入後の税額	節税額	65歳になるまで積み立てた場合の税制優遇額合計
	上段は所得税／下段は住民税			
200万円	2万7610円	1万5610円	3万6000円	144万円
	6万220円	3万6220円		
300万円	5万5415円	4万3415円	3万6000円	144万円
	11万5830円	9万1830円		
400万円	8万5220円	7万3220円	3万6000円	144万円
	17万5440円	15万1440円		
500万円	13万8550円	11万4550円	4万8000円	192万円
	24万1050円	21万7050円		
600万円	20万4160円	18万160円	4万8000円	192万円
	30万6660円	28万2660円		
700万円	31万5040円	26万7040円	7万2000円	288万円
	37万6270円	35万2270円		
800万円	46万6260円	41万8260円	7万2000円	288万円
	45万1880円	42万7880円		

● スタート年齢別税制優遇

65歳になるまで積み立てた場合のスタート年齢別税制優遇額合計

年収＼スタート年齢	30歳	35歳	40歳	45歳	50歳	55歳
200万円	126万円	108万	90万円	72万円	54万円	36万円
300万円	126万円	108万	90万円	72万円	54万円	36万円
400万円	126万円	108万	90万円	72万円	54万円	36万円
500万円	168万円	144万円	120万円	96万円	72万円	48万円
600万円	168万円	144万円	120万円	96万円	72万円	48万円
700万円	252万円	216万円	180万円	144万円	108万円	72万円
800万円	252万円	216万円	180万円	144万円	108万円	72万円

CASE 3　会社員（企業年金なし）が毎月2万3000円を積み立てた場合

スタート年齢25歳

年収	iDeCo加入前の税額	iDeCo加入後の税額	節税額	65歳になるまで積み立てた場合の税制優遇額合計
	上段は所得税／下段は住民税			
200万円	2万7610円	1万3810円	4万1400円	165万6000円
	6万220円	3万2620円		
300万円	5万5415円	4万1615円	4万1400円	165万6000円
	11万5830円	8万8230円		
400万円	8万5220円	7万1420円	4万1400円	165万6000円
	17万5440円	14万7840円		
500万円	13万8550円	11万950円	5万5200円	220万8000円
	24万1050円	21万3450円		
600万円	20万4160円	17万6560円	5万5200円	220万8000円
	30万6660円	27万9060円		
700万円	31万5040円	25万9840円	8万2800円	331万2000円
	37万6270円	34万8670円		
800万円	46万6260円	41万1060円	8万2800円	331万2000円
	45万1880円	42万4280円		

●スタート年齢別税制優遇

65歳になるまで積み立てた場合のスタート年齢別税制優遇額合計

スタート年齢／年収	30歳	35歳	40歳	45歳	50歳	55歳
200万円	144万9000円	124万2000円	103万5000円	82万8000円	62万1000円	41万4000円
300万円	144万9000円	124万2000円	103万5000円	82万8000円	62万1000円	41万4000円
400万円	144万9000円	124万2000円	103万5000円	82万8000円	62万1000円	41万4000円
500万円	193万2000円	165万6000円	138万円	110万4000円	82万8000円	55万2000円
600万円	193万2000円	165万6000円	138万円	110万4000円	82万8000円	55万2000円
700万円	289万8000円	248万4000円	207万円	165万6000円	124万2000円	82万8000円
800万円	289万8000円	248万4000円	207万円	165万6000円	124万2000円	82万8000円

CASE4 自営業者が毎月6万8000円を積み立てた場合

スタート年齢25歳

所得	iDeCo加入前の税額	iDeCo加入後の税額	節税額	65歳になるまで積み立てた場合の税制優遇額合計
	上段は所得税／下段は住民税			
200万円	10万2500円	5万8300円	12万5800円	500万9500円
	20万5000円	12万3400円		
300万円	20万2500円	11万9200円	16万4900円	655万3500円
	30万5000円	22万3400円		
400万円	37万2500円	21万7800円	23万6300円	937万4500円
	40万5000円	32万3400円		
500万円	57万2500円	40万5900円	24万8200円	984万3000円
	50万5000円	42万3400円		
600万円	77万2500円	60万5900円	24万8200円	984万3000円
	60万5000円	52万3400円		
700万円	97万4000円	80万5900円	24万9700円	990万3000円
	70万5000円	62万3400円		
800万円	120万4000円	101万2400円	27万3200円	1082万8000円
	80万5000円	72万3400円		

●スタート年齢別税制優遇

65歳になるまで積み立てた場合のスタート年齢別税制優遇額合計

所得＼スタート年齢	30歳	35歳	40歳	45歳	50歳	55歳
200万円	438万5000円	376万500円	313万6000円	251万1500円	188万7000円	125万8000円
300万円	573万7500円	492万1500円	410万5500円	328万9500円	247万3500円	164万9000円
400万円	820万8500円	704万2500円	587万6500円	471万500円	354万4500円	236万3000円
500万円	861万9000円	739万5000円	617万1000円	494万7000円	372万3000円	248万2000円
600万円	861万9000円	739万5000円	617万1000円	494万7000円	372万3000円	248万2000円
700万円	867万1500円	744万円	620万8500円	497万7000円	374万5500円	249万7000円
800万円	948万2000円	813万6000円	679万円	544万4000円	409万8000円	273万2000円

※CASE4は、課税所得から編集部調べで算出。利回り3%、家族なしで設定。

06

iDeCoを始める4つのステップ

次のステップ
行くぞー
置いて
いかないで！

ヒロキ：iDeCoって すぐ始められる？

カメ先生：手続きには1カ月程度が かかるんだよ

ヒロキ：じゃあ早く 手続きしないと！

書類を取り寄せて開始までに時間がかかる

iDeCoを始めるには、4つのステップが必要です。まずは、自分に加入資格があるかどうかを確認しましょう。老齢基礎年金を受給している人、iDeCo老齢給付金の受給をすでに開始している人は新たに加入することができません。また、**国民年金に加入していない**

iDeCoの始め方

STEP1

加入できるかを確認する

まずは、自分に加入資格があるかを確認しよう。国民年金を納付している、年齢が20〜65歳未満であることが基本条件。

STEP2

iDeCoの口座を開設する

積み立てを行うためにiDeCoの口座を開設する。運用商品がどのくらい揃っているか、情報やサポート体制が充実しているか、運用にあたっての手数料がどれくらいかなどを確認しよう。

STEP3

掛金を決める

月5000円以上1000円単位で、加入資格に合わせた限度額のなかで決めることができる。掛金の変更は年に1回しかできないので、普段の生活を圧迫しない程度にして決めよう。

STEP4

運用する商品を決める

運用商品ごとに、特徴や仕組み、リスクやリターンが異なるのでしっかり内容を確認して商品を選ぼう。

20歳未満、65歳以上の方、フリーランス、自営業の人で国民年金の支払いがとどこおっている場合も加入ができませんので注意しましょう。

　加入資格がある場合は、金融機関を選んで、口座開設のステップに進みます。口座開設には、さまざまな書類が必要で、書類が届くのにも時間がかかります。企業型DCに加入している場合は、勤務先に記載してもらう資料などもあります。書類に不備があると、二度手間になるので、**事前に手続き内容を確認して、記入もれなどがないように**しましょう。

　一般的には、金融機関を決めて口座開設の申し込みを行ってから実際にiDeCoをスタートするまでには、2カ月程度みておきましょう。

07

iDeCo口座を開設する おすすめの金融機関

ぼくを
選んで！
どこにしよう
かなぁ〜
A銀行
B証券
C銀行

レイナ：iDeCoの口座は
メインバンクが楽かな？

カメ先生：手数料は安いほどいい！
一般的に銀行よりネット
証券のほうがお得だよ

レイナ：そうか、よく調べて
から決めよう

手数料と運用商品で金融機関を選ぶ

iDeCoを始めようと思ったときに、一番悩むのが金融機関選びかもしれません。どこでもいいからと、適当な選び方をすると損をしてしまうこともあるので注意しましょう。また、**iDeCoで運用できる商品は、金融機関によって異なります**ので、先に運用したい商品が決

［ 証券会社のiDeCoに関する手数料 ］

● **運用に関わる手数料がお得な証券会社**

金融機関名	加入時手数料	運用期間中の月額手数料（積立実施時）	iDeCoで運用できるおもな商品
SBI証券	2829円	171円	eMAXIS Slim、ひふみ年金など 38本
楽天証券	2829円	171円	たわら・セゾン投信など 32本
マネックス証券	2829円	171円	iFree・eMAXIS Slimなど 26本
松井証券	2829円	171円	eMAXIS Slim、ひふみ年金など 40本
大和証券	2829円	171円	ダイワつみたてインデックス日本株式、ダイワつみたてインデックス外国株式など 16本

※2023年2月現在。

手数料が最安値の
ネット証券がおすすめ！

まっている場合は、それを取り扱っているかどうかを確認してから選ぶようにしましょう。

金融機関を決める際に、**必ずチェックしておきたいのが手数料の額**です。iDeCoを運用するためには、まず加入時に手数料がかかり、口座を継続するための費用もかかります。これらは金融機関によって異なります。とくに、運用中毎月必ず支払う「口座管理手数料」は安いに越したことはありません。そのほかにも、運用商品ごとに運用管理費用がかかるなど、月の金額でいえば数百円ですが、何十年間も支払うことを考えれば、見逃せません。

手数料と運用商品、この2つを軸に選ぶと、**やはりネット証券が、手数料が少なく運用商品も多い**のでおすすめです。

[iDeCoの口座を開設しよう]

※SBI証券を例に紹介。

口座開設のために準備するもの

- ☐ **通帳**(口座番号がわかるもの)
- ☐ **年金手帳**(基礎年金番号がわかるもの)
- ☐ **本人確認書類**(運転免許証や健康保険証など)
- ☐ **印鑑**(インク浸透印不可)

SBI証券「iDeCo」のホームページから資料請求を行う。もちろん他の証券会社、金融機関でもOK。

STEP1 資料請求をする

「iDeCo書面申し込み　資料請求フォーム」より、名前・住所など、基本情報を入力する。

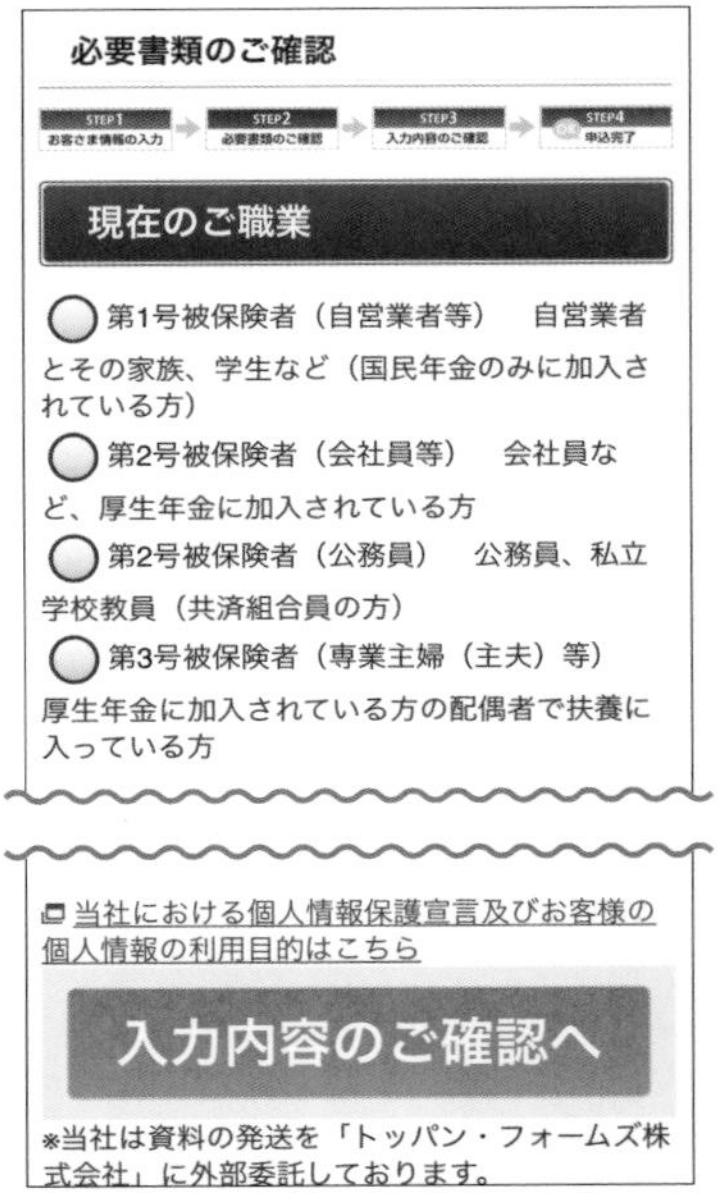

基本情報入力後は、「現在のご職業」を入力。すべて完了したら[入力内容のご確認へ]をタップして、資料請求が完了。

STEP2

会社員、公務員の場合は届いた資料のなかから、「事業所登録申請書 兼 第２号加入者に係る事業主の証明書」を勤務先に作成してもらう。それ以外の場合は STEP3 へ

国民年金基金連合会 御中 届書コード 13062　　　　事務処理センター用

事業所登録申請書 兼 第2号加入者に係る事業主の証明書　1枚目

●必ず記入要領をご覧のうえ、ご記入ください。
●毎月の掛金額には上限があります。詳しくは記入要領でご確認ください。
●訂正は、訂正部分を二重線で抹消し、修正部分の周囲余白に訂正事項をご記入ください。
●お勤め先への照会等により、事業主の記入欄を無断で作成・改変したと認められた場合、本加入(変更)手続が取り消されることがあります。
●太枠内に必要事項をボールペンで、はっきり、分かり易くご記入ください。
●選択項目の□にはレ点をご記入ください。

申出者

1.申出者の情報

証明を受ける申出者氏名
基礎年金番号　　－
希望する掛金の納付方法　□事業主払込　□個人払込

2.掛金額区分

☑掛金を下記の毎月定額で納付します。 ＜どちらかを選択してください＞ □納付月と金額を指定して納付します。
毎月の掛金額　千　0 0 0 円
「加入者月別掛金額登録・変更届」を添付してください。

3.企業型確定拠出年金の加入状況　企業型確定拠出年金に加入している方は以下の項目について確認のうえ、□にレ点をご記入ください。
□企業型確定拠出年金の加入者向けWEBページの基礎年金番号、性別、生年月日が、年金手帳または基礎年金番号通知書の内容と一致しています。
□個人型年金と企業型確定拠出年金を合計した掛金額が拠出限度額を超過した場合、個人型年金の掛金額が自動減額されることを確認しました。

加入者本人が記入し、勤務先へ提出。

勤務先から書類が戻ったあとに入力する。

事業主

4.事業主の署名等

郵便番号　電話番号
事業所名称(カナ)
申出者について、個人型年金の加入資格があることを証明し、「事業所登録」がない場合、この証明書の内容で登録を申請します。
証明日 令和　年　月　日
※3ヵ月以内有効
住所
事業所名称
事業主名称(代表者肩書　氏名)　(証明ご担当者名：　)
※個人事業主の方の場合、事業主の住所および氏名を記入。

5.企業年金制度等の加入状況

番号　別添のフローチャートを実施し、該当番号を左欄にご記入ください。
上記の番号が【10】【11】【12】【16】のいずれかに該当する場合は、□にレ点をご記入ください。
□申出者はマッチング拠出を選択していません。
□事業所の事業主掛金は年単位拠出ではありません。

6.申出者を使用している厚生年金適用事業所の住所・名称等

郵便番号　電話番号
事業所名称(カナ)
住所
事業所名称
※「4事業主の署名等」と同一の場合、記入不要。

7.連合会への「事業所登録」の有無等(複数回答可)

□「事業主払込」で登録済　事業主払込用登録事業所番号
□「個人払込」で登録済　個人払込用登録事業所番号
□いずれの登録もない　□わからない

市区町村コード　企業名称区分　掛金納付方法　☑1：事業主払込　☑2：個人払込

勤務先に提出して記入してもらう。

8.掛金の納付方法　必ずいずれかを選択してください
□❶申出者が希望しているため、「事業主払込」とする。
□❷申出者が希望しているため、「個人払込」とする。
□❸申出者は「事業主払込」を希望しているが、「個人払込」とする。
□❹申出者は「個人払込」を希望しているが、「事業主払込」とする。

→左で❸を選択した場合のみご記入ください。
「事業主払込」が困難な理由を選択してください。
□①「事業主払込」を行う体制が整っていないため。
□②その他(　)

9.資格取得年月日	退職手当等制度の種類	同制度の実施主体	同制度の根拠法令等
□昭和□平成□令和　年　月　日	①事業所で実施している退職手当等	事業主	所得税法第30条
□昭和□平成□令和　年　月　日	②中退共(中小企業退職金共済)　建退共(建設業退職金共済)　清退共(清酒製造業退職金共済)　林退共(林業退職金共済)	独立行政法人勤労者退職金共済機構	中小企業退職金共済法
□昭和□平成□令和　年　月　日	③特退共(特定退職金共済契約)	特定退職金共済団体(例)商工会議所	所得税法施行令第73条第1項第1号
□昭和□平成□令和　年　月　日	④社会福祉施設職員等退職手当共済	独立行政法人福祉医療機構	社会福祉施設職員等退職手当共済法
□昭和□平成□令和　年　月　日	⑤外国の法令に基づく保険又は共済(退職を理由に支払われるもの)	外国保険業者等	所得税法施行令第72条第3項第8号

受付金融機関および事務処理センター使用欄

運用関連運営管理機関	(株)SBI証券
記録関連運営管理機関	SBIベネフィット・システムズ(株)

採番する掛金の納付方法	採番した登録事業所番号
□事業主払込で採番 □個人払込で採番	

受付金融機関　令和　年　月　日
事務処理センター

勤務先に記入してもらうので、最初に手配しよう

STEP 3

残りの届いた資料に必要事項を記入する

個人型年金加入申出書

年金手帳または基礎年金番号通知書を参照して記入。

STEP2「事業所登録申請書 兼 第2号加入者に係る事業主の証明書」の「8.掛金の納付方法」と同じものを選択。

5000円～拠出限度額まで1000円単位で指定して金額を入力。

掛金の引き落とし口座を入力。事業主が支払う場合は、記入・押印を事業主に依頼する。

STEP2「事業所登録申請書 兼 第2号加入者に係る事業主の証明書」を確認し、申出者が転記する。

60歳以上の場合は、給付金・年金の受給に該当するものをチェック。

預金口座振替依頼書 兼 自動払込利用申込書

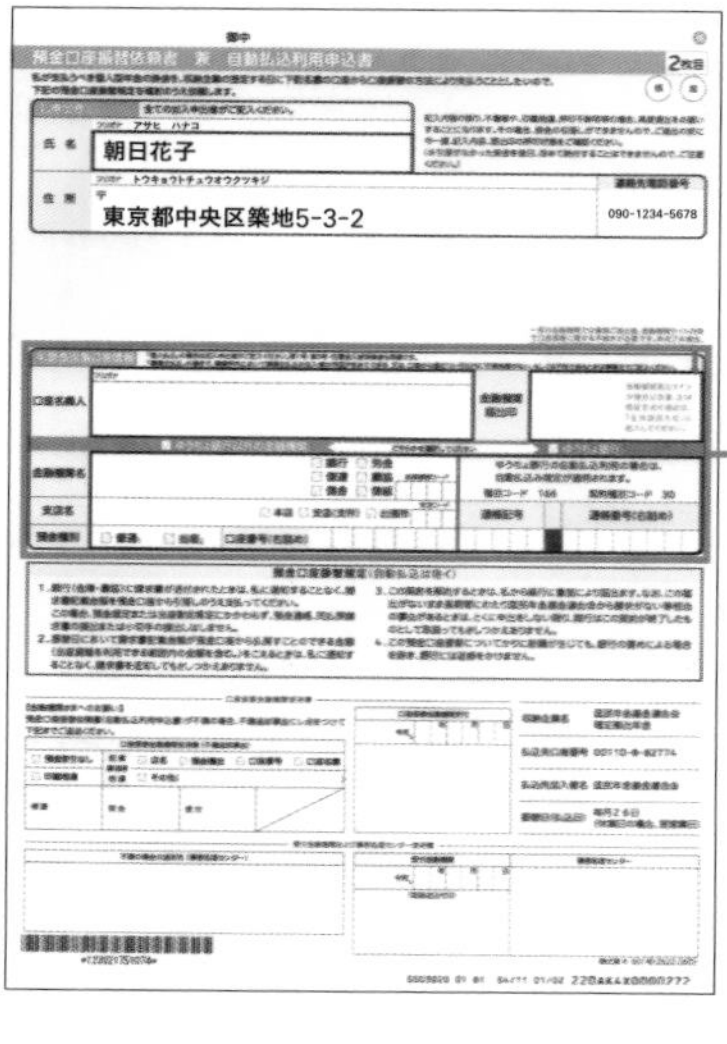

課金の引き落としに指定する口座を入力する。

加入者
掛金配分
設定届

加入者掛金配分設定届(セレクトプラン)

プランコード 123456789
基礎年金番号 －
フリガナ アサヒ ハナコ
朝日花子
フリガナ トウキョウトチュウオウクツキジ
住所 東京都中央区築地5-3-2
生年月日 ☑昭和 □平成 60年02月05日
電話番号 090-1234-5678

	配分割合(%)	商品名	運用会社名
1		<購入・換金手数料なし>ニッセイ日経平均インデックスファンド	ニッセイアセット
2		eMAXIS Slim 国内株式(TOPIX)	三菱UFJ国際投信
3		ひふみ年金	レオス・キャピタルワークス
4		野村リアルグロース・オープン(確定拠出年金向け)	野村アセット
5		つみたて椿(愛称：女性活躍応援積立ファンド)	大和アセット
6		SBI中小型割安成長株ファンド ジェイリバイブ<DC年金>	SBIアセット
7		SBI・全世界株式インデックス・ファンド (愛称：雪だるま(全世界株式))	SBIアセット
8		eMAXIS Slim 全世界株式(除く日本)	三菱UFJ国際投信
9		EXE-i グローバル中小型株式ファンド	SBIアセット
10		ひふみワールド年金	レオス・キャピタルワークス
11		セゾン資産形成の達人ファンド	セゾン投信
12		eMAXIS Slim 先進国株式インデックス	三菱UFJ国際投信
13		<購入・換金手数料なし>ニッセイ外国株式インデックスファンド	ニッセイアセット
14		eMAXIS Slim米国株式(S&P500)	三菱UFJ国際投信
15		iFree NYダウ・インデックス	大和アセット
16		インデックスファンド海外株式ヘッジあり(DC専用)	日興アセット
17		農林中金<パートナーズ>長期厳選投資 おおぶね	農林中金全共連アセット
18		ラッセル・インベストメント外国株式ファンド(DC向け)	ラッセル・インベストメント
19			
20		eMAXIS Slim 新興国株式インデックス	三菱UFJ国際投信
21		ハーベスト アジア フロンティア株式ファンド	SBIアセット
22		eMAXIS Slim 国内債券インデックス	三菱UFJ国際投信
23		eMAXIS Slim 先進国債券インデックス	三菱UFJ国際投信
24		インデックスファンド海外債券ヘッジあり(DC専用)	日興アセット
25		SBI－PIMCO 世界債券アクティブファンド(DC)	SBIアセット
26		iFree 新興国債券インデックス	大和アセット
27		<購入・換金手数料なし>ニッセイJリートインデックスファンド	ニッセイアセット
28		三井住友DS-DC外国リートインデックスファンド	三井住友DSアセット
29		eMAXIS Slimバランス(8資産均等型)	三菱UFJ国際投信
30		iFree 年金バランス	大和アセット
31		SBIグローバル・バランス・ファンド ※指定運用商品	SBIアセット
32		セゾン・グローバルバランスファンド	セゾン投信
33		三菱UFJ 純金ファンド (愛称：ファインゴールド)	三菱UFJ国際投信
34		セレブライフ・ストーリー2025	SBIアセット
35		セレブライフ・ストーリー2035	SBIアセット
36		セレブライフ・ストーリー2045	SBIアセット
37		セレブライフ・ストーリー2055	SBIアセット
38		あおぞらDC定期(1年)	あおぞら銀行

0003022 01 01 04/11 01/02 220AK4X0000272

年金手帳または基礎年金番号通知書を参照して記入。

合計が100%になるように記入する。配分の割合は1%単位で指定できる。

本人確認
書類
貼付台紙

本人確認書類 貼付台紙

●必ず、本人確認書類をご提出ください。

本人確認書類（下記のいずれか1つをご提出ください。）
●運転免許証(表裏面) ●各種健康保険証(表裏面)

貼付位置
<オモテ面>
※カード実物を貼り付けないようご注意ください。

貼付位置
<ウラ面>
※カード実物を貼り付けないようご注意ください。
※下記については必ず<ウラ面>の貼付が必要です。
・運転免許証：氏名・住所等変更がある場合
・健康保険証：カード方式等で住所記入欄が裏面の場合

本人確認書類は、右記いずれかの書類のコピーをはさみで切り取っていただき、上記本人確認書類貼付台紙にのりで貼り付けてください。

【運転免許証・各種健康保険証以外の本人確認書類をご用意いただく場合】
●印鑑登録証明書(発行後6ヶ月以内) ●在留証明書(発行後6ヶ月以内)
●個人番号カード(期限内、表面のみ*) は、
必要書類貼付台紙に貼り付けずに返信用封筒に同封してください。
※マイナンバーの記載がある裏面は送らないようにお願いいたします。
当社でマイナンバーの記載がある書類を受領した場合は、マスキング処理のうえ、審査を行います。
※各本人確認書類に機微情報の記載がある場合も、マスキング処理のうえ、審査を行います。

印鑑登録証明書
または
個人番号カード
または
在留証明書

返信用封筒

※上記以外の本人確認書類の取り扱いについては、事前にお問い合わせください。

本人確認書類を貼り付ける。

本人確認書類はいずれか1つ
・運転免許証（表裏面）
・各種健康保険証（表裏面）

全部揃ったら返信用封筒に入れて返送。書類に不備ながなければ、手続き完了！

提出書類をチェック！

□個人型年金加入申出書　□預金口座振替依頼書 兼 自動払込利用申込書
□加入者掛金配分設定届　□本人確認書類
□事業所登録申請書 兼 第2号加入者に係る事業主の証明書

08

iDeCoは運用する商品を自分で選ぶ

たくさんあるから
迷っちゃうなぁ
投資信託
保険
定期預金
iDeCo

リスクと安定どちらを優先するか

iDeCoは、自分が設定した掛金で運用先を決めることができます。

元本が確保されていないものを選べば、**運用の仕方によっては元本割れを起こす可能性**もありますので注意しましょう。運用がうまくいけば想定よりも受給できる金額が増えることもあ

ヒロキ
選び方の基準は何？
カメ先生
長期で始めるなら投資信託がおすすめだよ
ヒロキ
じゃあ、投資信託にしよう！

［ リスクの受け入れ度で商品を選択 ］

将来のお金を増やしたい人は

元本変動型

投資信託

株式

日々の値動きの変動が激しい株式。iDeCoの株式投資は投資信託のみで、個別株式への投資はできない。また、株主優待も受けられない。

債券

株式とは異なり満期があり、購入すると発行時に決められた利息が定期的に支払われて、満期になると元本が返済される。

株式＋債券

変動の激しい株式と安定性のある債券をバランスよく取り入れることが可能。

安定した運用がしたい人は

元本確保型

定期預金

定期預金を選択するメリットは、将来受け取れる金額が確定するので、老後の資金計画が立てやすいこと。一方で、得られる運用益は少ないので、iDeCoの運用に伴ってかかる各種手数料が、節税額と合わせても運用益を上回り、マイナスになることもある。

保険

定期預金同様、元本割れの心配がない保険商品。一般的な年金保険の場合は、年間保険料2万円までが全額、それ以上は保険料の一定額が控除の対象。iDeCoは全額が所得控除の対象となる。

自分のマネー計画に
合わせて選ぼう

ります。ある程度リスクをとっても、**将来のリターンに期待したい、万一に備えて極力安定した運用をしたいなど、自分の希望に合った運用商品を選ぶ**ようにしましょう。

　iDeCoで運用できる商品には、そのリスクとリターンの程度によって大きく2つに分けられます。**1つめが「元本確保型」といわれるもの**で、定期預金や保険商品など元本の安全性が高いものです。そしてもう1つが、いわゆる**投資信託の商品で、こちらは「元本変動型」**。リターンを期待できる代わりに、元本割れのリスクもあるものです。

　将来の蓄えとして、iDeCoで自分がどのくらいを目標額にするのか。そのためには利回りはどれくらいかなどを見極めて、運用商品を選びましょう。

iDeCoで運用できる商品❶

定期預金・保険

定期預金

一定の金額を、一定期間預けることで、前もって決められた金利で運用され、満期になると元本と利息が受け取れる。金利変動がない、元本が保証されているので安全に運用ができる。

メリット

- 元本の安全性が高い
- 一般の保険商品よりも税制メリットが大きい

デメリット

- 金利が低い
- 手数料が利益を上回ることがある

保険

生命保険や損害保険などの保険は、満期を迎えると元本と利息に加えて、商品によっては配当金が支払われることもある。

メリット

- 元本の安全性が高く、身近な商品で始めやすい
- 絶対に損をしたくないというニーズに向く

デメリット

- 投資信託に比べると利回りが低い
- 途中解約した場合は元本割れの可能性も

高齢スタートで
安定重視ならこっち！

増やせなくても元本は確実に残したい人に

50代からiDeCoを始めるなど、**運用期間が短い場合はできるだけリスクを低くして確実に増やしていくのが理想。**短期間だとマイナスが出た場合に取り戻すのが難しくなることがあるからです。

iDeCoで元本確保型といわれるのが、定期預金や積立年金保険などの保険元本が確保されている運用商品で、掛金に上乗せされる利息を受け取ることができます。

確実に将来の資金を積み立てていけるという意味では安心の商品です。ただし、場合によっては**利息額を手数料が上回る場合があり、マイナスになる場合**もあります。

iDeCoで運用できる商品❷

投資信託

メリット

- 国内外の株式、債券など
たくさんのなかから選ぶことができる
- うまく運用できれば、
リターンが大きい

デメリット

- 元本確保型ではないので、
運用商品の変動によっては
元本割れすることもある
- 手数料がかかる

iDeCoの投資信託でかかる手数料

購入時手数料（販売手数料）	運用商品の買い付け時に証券会社や銀行などの販売会社に支払う。iDeCoでは無料のものが多い。
信託報酬	商品の運用期間中、常にかかるコストなので、負担する金額を必ず確認しよう。
信託財産留保額	投資信託を売却する際に差し引かれる手数料。基準価額に対して何%などで計算される。

若くスタートして
リスクを負えるなら
こっち！

お金を増やすなら投資信託を

若いうちにスタートする、**利益を求めて運用リスクを許容できる場合は、元本変動型**のiDeCo商品、つまり投資信託を運用するのがおすすめです。

投資信託には、市場の平均に合わせた投資をするインデックス型と、積極的に利益を求めた投資をするアクティブ型があります。調査に手間のかかるアクティブ型はインデックス型よりも信託報酬が高い場合が多いですが、積極的にお金を増やしたいならひとつの手段となります。

投資信託は商品によって手数料が異なるので、求めるリターンや、**許容できるリスク、費用などを鑑みて選ぶ**ようにしましょう。

\ 竹内先生おすすめ！ /

iDeCoの銘柄5選 SBI証券

※2023年3月現在。

● SBI証券のiDeCoの特徴

iDeCo口座開設手数料	0円
iDeCo口座管理手数料	0円
加入時手数料	2829円
運用期間中手数料	171円 業界最安値！
iDeCo対応銘柄数（元本変動型）	37本
iDeCo対応銘柄数（元本確保型）	1本

SBI証券はiDeCo加入者数No.1を誇っているネット証券。手数料でお得なネット証券のなかでも最小限、運用商品もラインナップも豊富。積極運用のアクティブ、市場平均運用のインデックスとどちらもバランスよく取り揃えていて、業界最安水準の運用コストを目指す「eMAXIS Slimシリーズ」が買えるのも特徴。

おすすめ 1

eMAXIS Slim　先進国株式インデックス

先進国株式

「投信ブロガーが選ぶ！ Fund of the Year 2018」で、1位を獲得した商品。業界最安水準を目指して、コストの引き下げに取り組んでいるのが魅力。日本を除く世界の先進国の株式市場全体の動きを表す代表的な指数であるMSCIコクサイインデックスと連動する成績を目指すインデックスファンドで、最安水準に設定されている。

運用タイプ	信託報酬	トータルリターン
インデックス	0.1023%内	1年：−1.08%／3年：24.83%

おすすめ
2

eMAXIS Slim　バランス（8資産均等型）

バランス

「投信ブロガーが選ぶ！ Fund of the Year」で、設定以来TOP20に入賞し続けているファンド。資産配分がバランスよく取れているのが特徴。日本・先進国・新興国の債券、日本と先進国の株式、REITに均等に投資できる商品。『eMAXISシリーズ』で8資産均等型が信託報酬0.55%に対して、Slimの場合は0.154%とお得。

運用タイプ	信託報酬	トータルリターン
インデックス	0.154%内	1年：−2.09%／3年：11.26%

おすすめ
3

レオスーひふみ年金

国内株式

「日本を根っこから元気にする」をコンセプトに、日本の成長企業に投資する投資信託。iDeCoに向けたひふみ年金を取り扱う証券会社は少なく、その1つがSBI証券。「R&Iファンド大賞2020」の投資信託10年／国内株式部門で最優秀ファンド賞を受賞。運用管理費用が年0.836%と、一般的なアクティブファンドと比べて低い手数料で運用ができる。

運用タイプ	信託報酬	トータルリターン
アクティブ	0.836%	1年：−0.48%／3年：9.93%

おすすめ
4

農林中金〈パートナーズ〉長期厳選投資　おおぶね

米国株式

米国の上場株式を主要投資対象としたアクティブファンド。「投信ブロガーが選ぶ！ Fund of the Year 2019」でアクティブファンド1位となった商品。購入・売却時の手数料が無料で、運用にかかる費用が0.99%とアクティブファンドのなかでは低く設定されている。eMAXIS Slim米国株式を上回る成績を維持している注目のファンドのひとつ。

運用タイプ	信託報酬	トータルリターン
アクティブ	0.99%	1年：1.62%／3年：19.89%

＼ 竹内先生おすすめ！ ／

iDeCoの銘柄５選
楽天証券

※2023年3月現在。

● 楽天証券のiDeCoの特徴

iDeCo口座開設手数料	0円
iDeCo口座管理手数料	0円
加入時手数料	2829円
運用期間中手数料	171円 ◀ 業界最安値！
iDeCo対応銘柄数（元本変動型）	31本
iDeCo対応銘柄数（元本確保型）	1本

世界最大級の運用会社であるバンガード社のETF※に投資できる楽天インデックスシリーズ、投資家から支持を受けるセゾン投資の商品などがある。口座管理手数料は、条件なしで誰でも0円。若いうちから加入して、長期で運用をしたい人にやさしくなっている。証券口座と年金口座を連携するなど、使いやすさを重視したサービスも魅力。

おすすめ ①

楽天・全世界株式インデックス・ファンド

全世界株式

全世界を対象にしている海外ETF「VT」に投資できる商品。「投信ブロガーが選ぶ！ Fund of the Year 2017」で1位を獲得。全世界の株式市場の動向を表すFTSEグローバル・オールキャップ・インデックスに連動するようにつくられた投資信託で、インデックス型のなかでも手数料が安く取り入れやすいのが特徴。

運用タイプ	信託報酬	トータルリターン
インデックス	0.195％	1年：1.13％／3年：21.87％

※ETF：「Exchange Traded Fund 」の略で「上場投資信託」のこと。

おすすめ
2

楽天・全米株式インデックス・ファンド

米国株式

米国株式をほぼ100%をカバーしている海外ETF「VTI」に投資できる。米国の株式市場の動向を表す指数CRSP USトータル・マーケット・インデックス（円換算ベース）に連動するようにつくられた投資信託。運用管理費用が、年率で0.162%程度と費用の安さも魅力となっている。

運用タイプ	信託報酬	トータルリターン
インデックス	0.162%	1年：−0.88%／3年：23.38%

おすすめ
3

セゾン資産形成の達人ファンド

全世界株式

有望な投資対象ファンドを通じて、日本を含む世界30カ国以上の株式に投資するアクティブファンド。おもな対象地域は、北米・欧州となっており、残りを日本と新興国で分け合っている。アクティブ型のなかでも、手数料が比較的安いのが特徴。グローバルバランスファンドに比べて、リスクは大きめで長期で資産形成をするのに向いたファンド。

運用タイプ	信託報酬	トータルリターン
アクティブ	1.54%	1年：3.10%／3年：18.66%

おすすめ
4

セゾン・グローバルバランスファンド

バランス

バランス型インデックスファンドの先駆けのセゾン投信。バンガード社のインデックスファンドを通じて、全世界の株式と債券に投資するバランスファンド。世界30カ国以上の株式と10カ国以上の債券でつくられた投資信託。欧米が80%、残りを日本と新興国で分け合っている。インデックス型で手数料も安いおすすめファンド。

運用タイプ	信託報酬	トータルリターン
インデックス	0.58%	1年：0.90%／3年：11.24%

※2023年3月現在。

09

iDeCoの掛金の変更はできる?

まあ将来の
私のために？
ありがとう！
掛金
増やしたよ！
将来の私
今の私

暮らしの状況に合わせて掛金を変更できる

子どもの教育費がかかる時期は掛金を減らしたい、家のローンを払い終わったので掛金を増やしたいなど、**その時々で掛金を調整できます。**毎月の掛金もボーナス月は掛金を増やす、出費の多い新年度前は減らすなど、ライフプランに合わせて設定できます。

注意したいのはこの**掛金の変更はいつでもできるわけではなく、年に1回のみ。**変更に関する書類を届け出る必要があるので、取引金融機関のウェブサイトなどで確認をしましょう。

一時的に拠出を停止することも可能です。入院して収入が減る、費用が増えるなどの場合に検討できます。

［ 掛金は１年に１回のみ変更可能 ］

加入者掛金額変更届
（第2号被保険者用）

この届出書は第2号被保険者（会社員、共済組合員の方）のためのものです。
第1号被保険者、第3号被保険者、任意加入被保険者の方は使用できません。

国民年金基金連合会

届書コード 04091　届出区分 掛金額変更

企業年金制度等	拠出限度額（月額）
00 他に企業年金制度なし（厚生年金にのみ加入）	23,000円
10 企業型確定拠出年金	20,000円
11 企業型確定拠出年金および厚生年金基金	12,000円
12 企業型確定拠出年金および確定給付企業年金	
13 厚生年金基金	
14 確定給付企業年金	
15 石炭鉱業年金基金	
16 企業型確定拠出年金および石炭鉱業年金基金	
50 国家公務員共済組合（長期）	
51 地方公務員共済組合（長期）	
52 私立学校教職員共済制度（長期）	
53 企業型確定拠出年金および私立学校教職員共済制度（長期）	

ご記入の際は、必ず「記入要領」をご参照ください。

掛金を変更するには「加入者掛金額変更届」を提出

掛金は、年に1回だけ、12月分から翌年11月分の掛金（納付は1～12月）を変更することができる。そのためには「加入者掛金額変更届」の書類に必要事項を記入して、提出する。「加入者掛金額変更届」は、加入者区分によって異なるので、自分の区分に合った書類に記入しよう。iDeCo公式ウェブサイトからダウンロード可能。

記入する項目

- □ 基礎年金番号
- □ 氏名・生年月日・性別
- □ 住所・連絡先電話番号
- □ 企業年金制度等
- □ 掛金額区分・掛金額

加入者月別掛金額登録・変更届

1.申出者

2.当年の掛金額の指定

3.翌年以降の掛金額の指定

月によって掛金を変えたい場合は加入者月別掛金額登録・変更届も必要

月によって掛金を変えたい場合は、「加入者月別掛金額登録・変更届」も必要。当年のほかに、その次の年以降の金額も届出できる。この1年だけ掛金を減らしたい、増やしたいというニーズにも対応している。iDeCo公式ウェブサイトからダウンロード可能。

毎月の収入、支出によって掛金が変えられる！

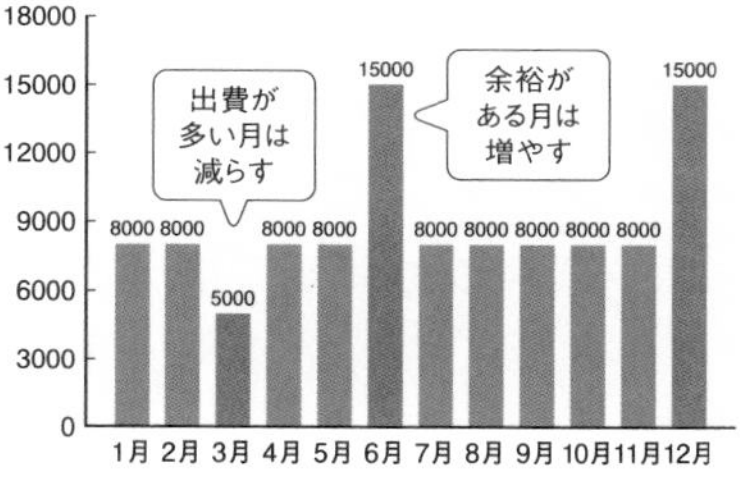

10

iDeCoの受け取りは一括か分割かを選べる

一括
or
分割
まとめてもらったらうれしいけど……

自分に合った受け取り方を選ぼう

iDeCoの受け取りには2つの方法があります。一気に全額を受け取る「一時金」と、「年金」として分割で受け取る方法です。iDeCoは、掛金、運用益の非課税に加えて受け取り時にも税制優遇があります。

一時金には、「退職所得控除」が適用され、加入年数に応じて

ヒロキ：一時金だと全部使っちゃいそう…

カメ先生：その場合は、年金受け取りのほうがいいかもね

ヒロキ：税金のことだけじゃなく、考えることがたくさんだね

［ iDeCoの受け取り方法は２種類 ］

一度に全額を受け取る **一時金**

「一時金」は、
全額をまとめて受け取る方法。
税制上は「退職金」として扱われる。

メリット
退職所得控除が
適用されるので
大きな節税ができる

デメリット
大金をまとめてもらうので
計画的に使わないと
老後に苦労することも

年金 として分割で受け取る

月々の金額を設定して、
年金として受け取る方法。

メリット
毎月定額で入金されるので、
安定して長く
受け取ることができる

デメリット
場合によって所得税がかかる。
年金収入が上がると
国民健康保険料も上がる

「一時金」と「年金」を併用する「併給」も

一時金、年金ともにメリット・デメリットがあるので、それを併用することも可能。自分が勤務先からもらう退職金が大きい人などは併用でうまく節税しよう。

一定の金額が非課税となります。会社からの退職金がある場合は、これらも合算された控除額が差し引かれます。

年金として分割してお金を受け取る場合は、公的年金等控除が適用されますが、税制上は雑所得扱いとなり、所得税と住民税がかかります。また、受け取り時にかかる手数料、口座管理手数料が続くなど、コストが高くなるのがデメリットでもあります。

会社からの退職金があるか、公的年金との合算で課税所得がいくらになるかなど、人によってどちらがお得になるかは異なるので、事前シミュレーションをして選びましょう。

また、金融機関によっては一時金と年金を併用して受け取ることもできます。

[損をしない受け取り方シミュレーション]

一括受け取りにする場合（退職所得控除）

iDeCoの受給を一括で行う場合は、「一時金」となり、
受け取り時の税金控除には退職所得控除が適用される。

例 **勤続38年。iDeCoの積み立て期間が15年で、受け取り金額360万円、会社の退職金が2000万円の場合。**

1 退職所得控除

Ⓐ iDeCoの積み立て年数または、勤続年数の長いほう	退職所得控除の計算式
20年以下	40万円×Ⓐ
20年超え	800万円+70万円×（Ⓐ－20年）

➡ 800万円＋70万円×（38年－20年）＝2060万円

2 課税所得

（退職金＋iDeCoの受け取り額－退職所得控除額）×½＝課税所得金額

➡ （2000万円＋360万円－2060万円）×½＝150万円

3 税金

課税所得×税率－控除額

課税所得金額	税率	控除額
1000円～194万9000円まで	5%	なし
195万円～329万9000円まで	10%	9万7500円
330万円～694万9000円まで	20%	42万7500円
695万円～899万9000円まで	23%	63万6000円
900万円～1799万9000円まで	33%	153万6000円
1800万円～3999万9000円まで	40%	279万6000円
4000万円以上	45%	479万6000円

税率　控除額　支払う所得税

➡ 150万円×5%－0円＝7万5000円

分割で年金として受け取る場合（公的年金等控除）

iDeCoの受給を分割で行う場合は、「年金」受け取りとなり、
雑所得に区分され65歳以上の公的年金等の収入が110万円以下であれば非課税となる。

例 **iDeCoの受け取り金額360万円を10年間分割で受け取る。**
公的年金の受給額を月13万円とした場合。

収入金額－公的年金等控除額＝雑所得の金額

● **公的年金等控除額**

Ⓑその年中の公的年金等の収入金額の合計額	65歳未満	65歳以上
130万円未満	60万円	110万円
130万円以上330万円未満	Ⓑ×25%＋27万5000円	110万円
330万円以上410万円未満	Ⓑ×25%＋27万5000円	
410万円以上770万円未満	Ⓑ×15%＋68万5000円	
770万円以上1000万円未満	Ⓑ×5%＋145万5000円	
1000万円以上	195万5000円	

iDeCoの受取総額360万円　360万円÷10年間（受け取り期間）＝年間36万円

公的年金月受給額　13万円×12カ月＝年間156万円

年金の合計　36万円＋156万円＝年間192万円

65歳から受給の場合の公的年金等控除額　110万円

➡ 192万円－110万円＝82万円（雑所得の金額）

所得税はないが、受け取るために
毎月の手数料がかかる

課税条件
- 65歳未満で、その年の年金受給額が108万円以上の人
- 65歳以上で、その年の年金受給額が158万円以上の人

一時金と年金受け取りの併用もできる！

自分がもらえる退職金や、公的年金などの金額によっては一時金と年金受け取りを併用する場合がお得になることがある。どちらかに決めると税金負担が大きい場合は一時金で一定額を受給し、残りは年金として分割で受け取るという手段も考えよう。

もっと知りたい！

iDeCoのQ&A

Q1 複数の金融機関でiDeCoに加入できる？

A 企業型DCとの併用を除いて、複数の契約はできない。すでにiDeCoを運用中なら別の金融機関で追加することはできないが、iDeCoを運用する金融機関を変更することは可能。手続き方法は金融機関によって異なるが、「加入者等運営管理機関変更届」（iDeCo公式ウェブサイトからダウンロード可能）に必要事項を記入し提出して行う。

Q2 中途解約はできない？

A iDeCoは私的年金制度。公的年金の受給開始年齢が原則65歳以上であるように、基本的に老後生活のための資産形成が目的となる。そのため、右で紹介している一部の例を除いて中途解約はできない。支払いが難しい場合は、掛金の減額や休止で調整する必要がある。

中途解約が認められるケース

① 加入者が死亡し、積み立てたお金を「死亡一時金」として受け取る場合

② 加入者が高度障害者になり、積み立てたお金を「障害給付金」として受け取る場合

③ 加入者が一定の条件を満たし、積み立てたお金を「脱退一時金」として受け取る場合

Q3 「ふるさと納税」をやっていても、iDeCoはできる？

A 手軽にできる節税対策として人気の「ふるさと納税（P.36）」。iDeCo加入中の人も利用できる。ただし、iDeCoを併用することでふるさと納税の控除上限額が下がる可能性があるので注意。iDeCoは掛金の全額控除や運用益が非課税になることが大きなメリットだが、それにより所得税と住民税が低くなる。ふるさと納税は総所得金額によって上限が決められていて、iDeCoによって所得控除額が増えると、ふるさと納税の上限が下がる。とはいえ、長い目で見れば併用するメリットは大きいといえる。

iDeCoの加入により、所得税、住民税が下がる → ふるさと納税の寄附限度額が下がる

独身、配偶者なしの場合の年収別 iDeCo併用時のふるさと納税控除上限額

※保険控除額は給与収入の15%と仮定。

年収／iDeCo掛金	iDeCoなし	iDeCo月額掛金2万3000円
300万円	2万8000円	2万1000円
400万円	4万円	3万5000円
500万円	6万1000円	5万4000円

Q4 iDeCoに向いていない人はいる？

A iDeCoは加入すると、そのお金を引き出せるのは60歳以上。すぐに引き出すことができないので、手元に現金がない人はまずは最低限の預金を確保することから始めよう。そのため収入が不安定な人にも不向き。また、iDeCoの最大のメリットが掛金の全額控除。所得が低く所得税や住民税を支払っていない人は、このメリットを受けにくい。安定的に収入がある人は、今の生活に影響なく将来の資産形成に向けて積み立てを行うことができ、税金面でもメリットが大きいといえる。

向いている人

- 収入が安定している人
- 50歳未満の人
- 貯金が苦手な人
- 退職金がない会社に勤めている人

向いていない人

- 直近で大きな出費を控えている人
（マイホーム購入、子どもの学費など）
- 運用できる年数が少ない人
- 納税額が少ない人
- 収入が不安定な人

例えばこんな人は？

アルバイト（パート）でも始めるべき？

アルバイトやパートの場合は、雇用形態によって掛金の上限が異なるので、まずは確認を。アルバイトやパート、フリーターの人がiDeCoに加入するメリットとしては、老後資金を確実に貯められる点にある。

専業主婦（夫）にもメリットはある？

専業主婦（夫）には掛金の全額控除メリットはない。ただ、運用益が非課税、受け取り時の税制優遇措置が適用されるため、積み立て先を投資商品にすれば定期預金を続けるより、将来の資金増大を見込みやすい。

50歳からでも加入したほうがいい？

加入期間が長いほどメリットも大きいが、50歳からでも加入すれば65歳の受給まで15年間の運用ができる。50歳から月2万円で運用すると、65歳時の積み立て金額は360万円、税額優遇額は72万円にも。

Q5 受給年齢を決めるときに注意すべきことは？

A 例えばiDeCoと公的年金の受け取りを同じ年からにして、iDeCoを年金にすると雑所得の対象となり、場合によっては税金の支払いが生じる可能性が出てくる。受け取れる年金の総額を計算して、公的年金等控除の限度を超えるようなら、受け取り時期をずらして分散させたほうがお得になる。

iDeCoと公的年金の受け取り開始と受給上限の年齢

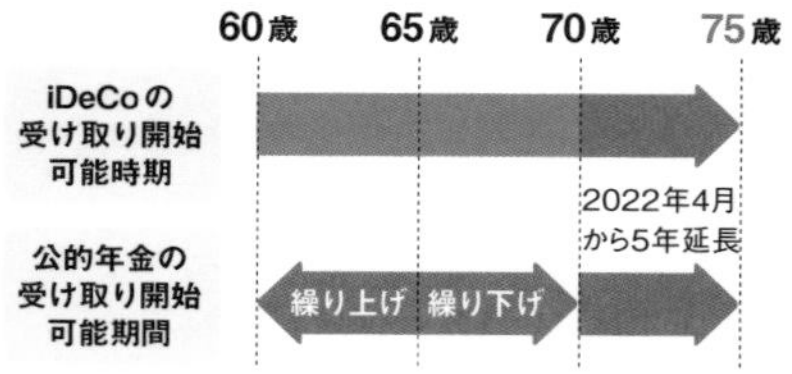

Q6 転職や就職した際に必要な手続きは？

A iDeCoの年金資産は、転職や離職した際にも移換手続きをすることで持ち運び（ポータビリティ）ができるのが魅力。移換の手続きについては、運営管理を行う金融機関によって異なるので、問い合わせをして確認を。注意したいのは、転職先に企業型確定拠出年金があるけれど、企業型DCとiDeCoの同時加入を認めていない場合。この場合は、転職先の企業型DCの加入が必要で、これまでのiDeCoの資産はそのままにするか、企業型に一緒に移籍させるかを選択することになる。それ以外のケースでは、iDeCoに加入を続けながらDCやDBに加入するか、マッチング拠出が認められている場合はそれを行うかなどを判断しよう。

iDeCo加入者が転職する場合の手続き

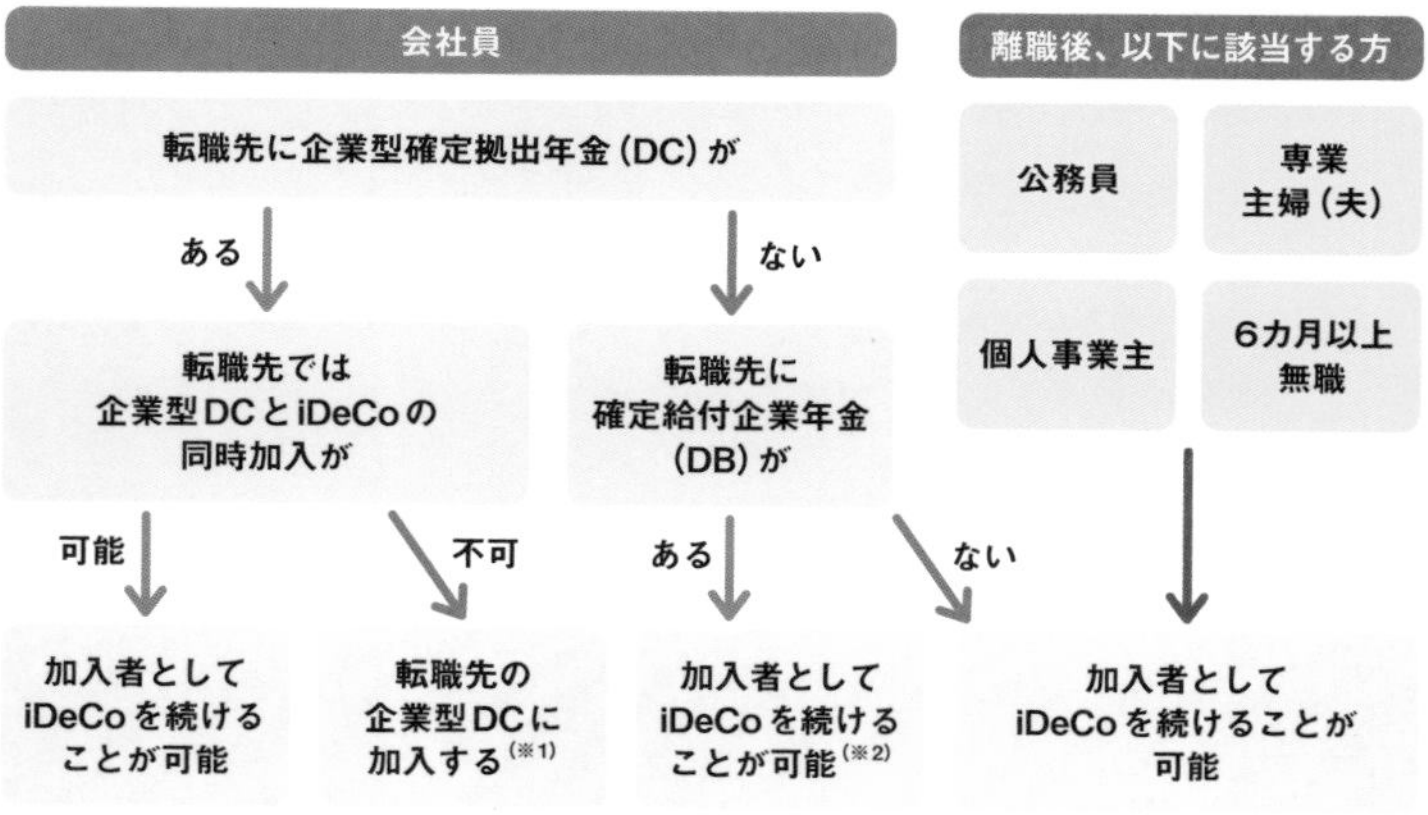

※1 iDeCoにある資産は、そのままiDeCoに預けたままとするか企業型DCへ移換するか、選ぶことができる。
※2 DBの規約がiDeCoにある資産の受け入れ可能な場合、それまでの運用資産をDBへ移換することも可能。

Part 3

誰でも

すぐに始められる「NISA」

2024年から

＼ 資産倍増も夢じゃない！ ／

新NISAを最大限活用するコツ

利益が非課税になるメリットで利用者が増えているNISA。
2024年からは「新NISA」として、より使いやすい制度へリニューアル。
税制優遇を受けて資産形成できる手段として、一刻も早く始めない手はない。

TOPIC 1

使いやすさ大幅アップの新NISA

一般NISA	つみたてNISA		新NISA
2023年まで	2023年まで	口座開設が可能な時期	恒久化
5年間	20年間	非課税期間	期限なし
120万円	40万円	年間投資上限額	360万円（うち成長投資枠240万円）
最大600万円（5年×120万円）	最大800万円（20年×40万円）	生涯投資枠	1800万円（うち成長投資枠1200万円）

これは同じ

非課税メリットは従来通り！

通常、投資で得た利益には約20%の税金がかかるが、これが非課税になるのがNISAのメリット。新NISAに移行しても、この税制優遇制度の仕組み自体は変わらない。

ここが変わる

積立投資と個別株投資の併用

2023年までの現行NISA制度では、積立投資を行う「つみたてNISA」と個別株投資が可能な「一般NISA」の併用はできない。しかし、新NISAでは併用が可能になる。

ここが変わる

売却したら投資枠が復活する！

現行制度では年間投資上限額×非課税期間が最大の投資額で、売却してもその分の再利用はできない。新NISAでは「生涯投資枠」という考え方で、売却すれば枠を戻せる。

TOPIC 2

2024年を待たず、早く始めるのがおトク！

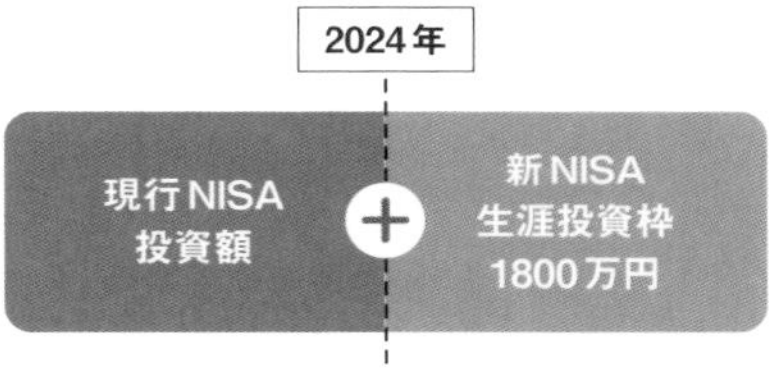

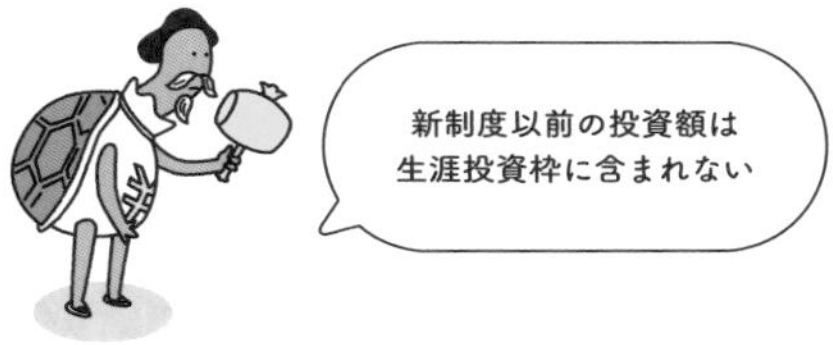

早く始めれば非課税分の投資額が増える

2024年に生まれ変わる新NISAでは、生涯で買付残高1800万円まで投資できるなど、非課税枠の拡大と恒久化でパワーアップする。しかし、2024年を待って開始する必要はない。なぜなら新NISAの生涯投資枠に現行制度で投資した金額は含まれないため。つまり、早く投資を始めた分だけ非課税になる投資額が増えてメリットが大きくなる。

TOPIC 3

積立は満額でなく、家計状況に応じて

投資可能な額は増えるが身の丈に合った運用を

「長期・分散・積立」をかなえるつみたてNISA。現行制度では年間の投資上限額は40万円で、満額の3万3333円まで投資することを検討する人も多かったはず。新NISAでは成長投資枠も使えば、月30万円の投資も可能に。とはいえ、満額を目指すのは非現実的なので、ライフイベントに合わせて金額も調整しながら、家計を考慮した積立額を設定しよう。

NISAでできる積立額上限

現行NISA　月3万3333円／年40万円

↓

新NISA　月30万円／年360万円

約10倍

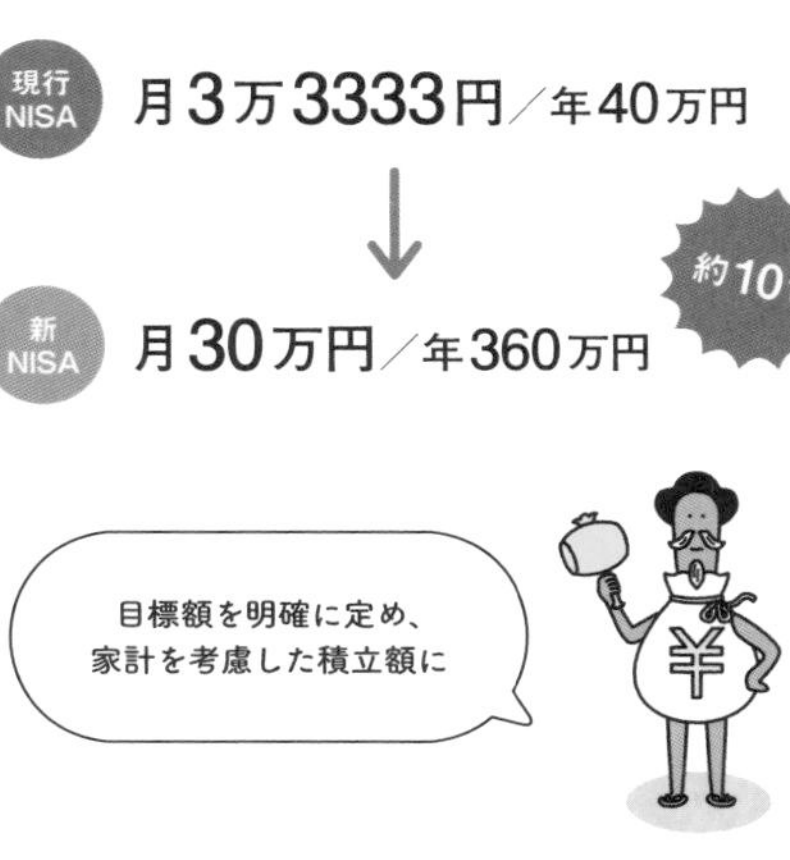

※2023年3月現在の情報をもとに作成。

01

税金ゼロで
投資できるNISA

税金ゼロで効率よくお金を増やす投資術

効率よく資産を増やすには、有利な条件のところにお金を置くことが重要です。その候補のひとつが「NISA」です。

NISAは2014年から始まった個人投資家のための少額投資非課税制度。投資の利益は「売却益」と運用中に出る「分配金」や「配当金」です。通常これらの利益に対しては、20・315%（※）の税金がかかります。しかし、**NISA口座で行った投資については〝税金がゼロ〟**になるのです。

税金がかからない分利益が残りやすく、利益をさらなる投資に回せるため、資産の増大スピードが加速するのです。18歳以上なら、誰でも始められます。

※本来は20%（所得税15%＋住民税5%）の税金だが、2037年12月末までは復興特別税が加わり20.315%の税金がかかる。

［ 運用益が非課税のNISA ］

売却益 …投資商品を売却（解約）したときの利益

例 投資の売却益で10万円の利益が出た場合

※税金は20.315%にて算出。

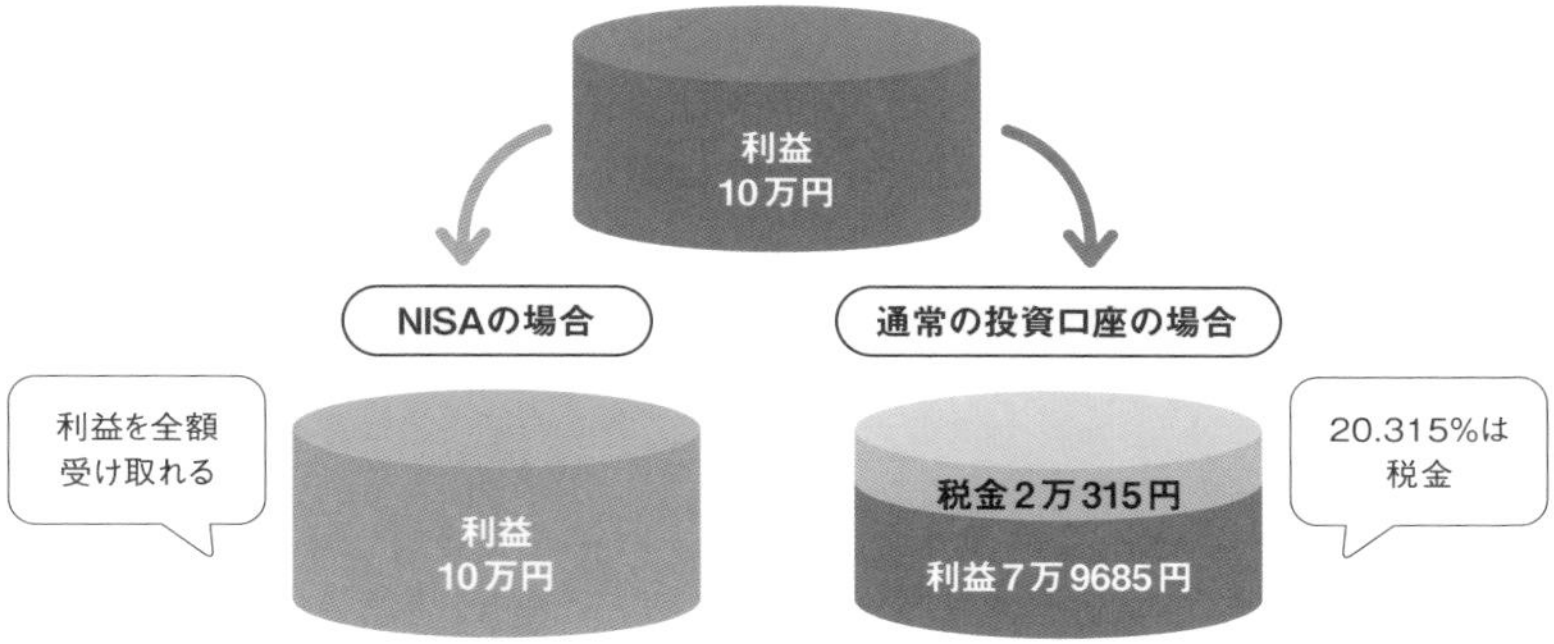

分配金 …運用成績によって支払われる利益

例 毎年４万円の分配金が出た場合

※税金は20.315%にて算出。

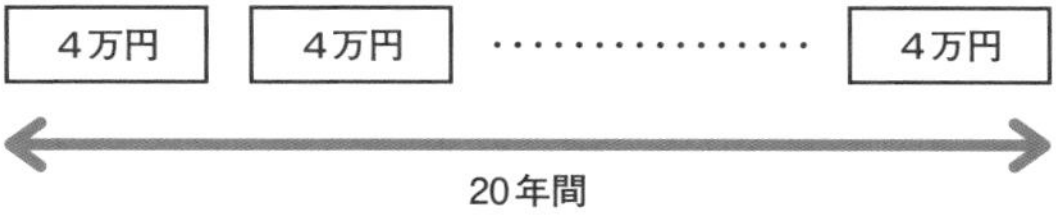

毎年4万円×税金（20.315%）＝8126円

8126円×20年＝16万2520円

02

つみたても株式投資も併用できる新NISA

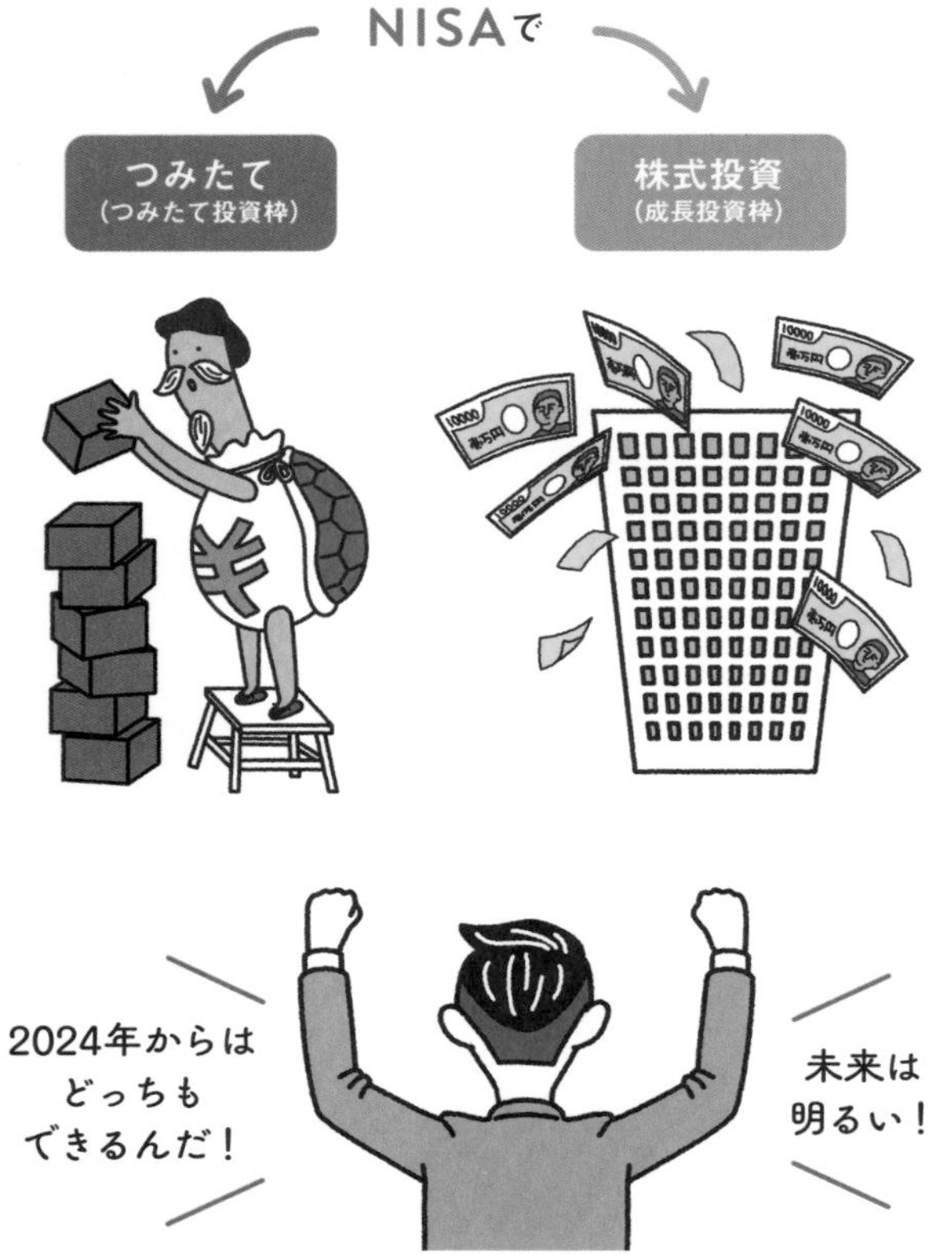
NISAで
つみたて
(つみたて投資枠)
株式投資
(成長投資枠)
2024年からは
どっちも
できるんだ！
未来は
明るい！

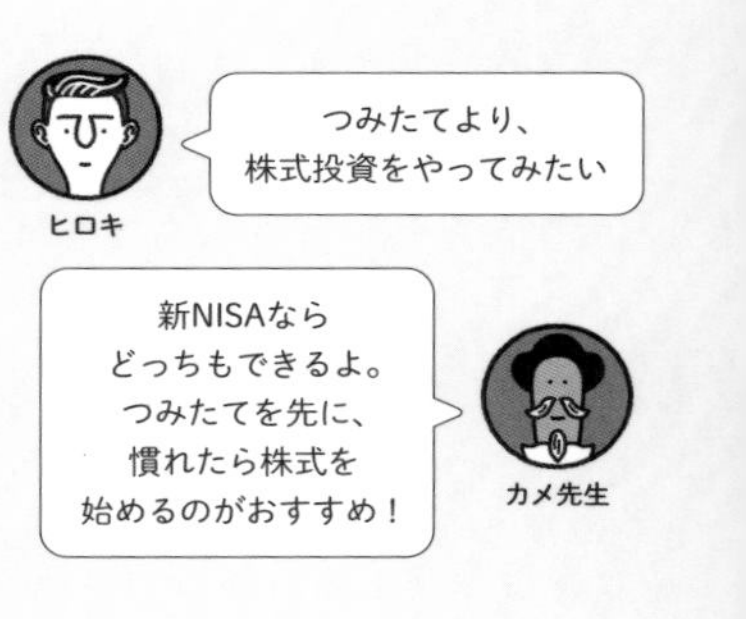
つみたてより、
株式投資をやってみたい
ヒロキ
新NISAなら
どっちもできるよ。
つみたてを先に、
慣れたら株式を
始めるのがおすすめ！
カメ先生

新NISAを視野に入れ 2023年から開始

2023年までのNISAは「一般NISA」か「つみたてNISA」を選ぶ方式です。**一般NISAは年間の非課税投資枠が120万円で、非課税期間は5年間。**比較的値動きの幅が大きい株式への投資ができるため、**短期間で資産を大きく増やしたい人向け**といえます。

[つみたてと株式投資を併用できる新NISA]

2024年1月1日からの 新NISA

	つみたて投資枠	成長投資枠
投資対象	投資信託	上場株式など
1年間の投資上限額	120万円	240万円

〇 併用して最高360万円までOK！

2023年12月31日までの 現行NISA

	つみたてNISA	一般NISA
投資対象	投資信託	上場株式など
1年間の投資上限額	40万円	120万円

× 併用NG（※）

※1年単位での切り替えは可能。

上手に組み合わせて
資金運用ができる！

つみたてNISAは年間の非課税投資枠が40万円と一般NISAより少額ですが、非課税期間が20年と長く、長期的な資産づくりに向きます。

この選択式は2023年12月末日で終了し、2024年からは2つのNISAが一本化する新制度として開始されます。新制度に移行しますが、基本的な考え方は**一般NISAが新NISAの成長投資枠に、つみたてNISAがつみたて投資枠に引き継がれ、どちらのNISAを選ぶかは目指す投資スタイルに合わせる**ことになります。

現行制度と新制度は併用でき、2024年を待つ必要はありません。2023年までの制度の枠も使ったほうが、全体の非課税投資額が増えてメリットが大きくなります。

ひと目でわかる新旧NISA

2024年からの新NISAは、非課税メリットは変わらずに、
投資枠の拡大や非課税期間の制限がなくなるなどさらに使いやすくなる。
現行NISAと新NISAのちがいを確認しておこう。

2023年12月31日までの現行NISA制度

つみたてNISA	一般NISA	
40万円	120万円	年間の可能投資金額
20年間	5年間	非課税保有期間
800万円	600万円	非課税保有限度額
2023年まで	2023年まで	口座開設ができる期間
長期・積立・分散投資に適した低コストの投資信託 ※金融庁への届出が必要	上場株式、投資信託、ETF、REITなど	投資できる金融商品
18歳以上		対象年齢

※2023年3月現在。

途中で売却したら
枠が復活するのも、
新NISAの特徴

<table>
<tr><th></th><th colspan="2">2024年1月1日からの新NISA制度</th></tr>
<tr><th></th><th>つみたて投資枠</th><th>成長投資枠</th></tr>
<tr><td>年間の可能投資金額</td><td>120万円</td><td>240万円</td></tr>
<tr><td>非課税保有期間</td><td colspan="2">制限なし
（いつまでも保有できる／好きなときに売却できる）</td></tr>
<tr><td>非課税保有限度額</td><td>1800万円
※つみたて投資枠と成長枠の合計は1800万円まで。成長投資枠だけ利用する場合は1200万円まで</td><td>1200万円</td></tr>
<tr><td>口座開設ができる期間</td><td colspan="2">恒久化
（生涯いつでも開設できる）</td></tr>
<tr><td>投資できる金融商品</td><td>長期・積立・分散投資に適した低コストの投資信託
※現行のつみたてNISA対象と同じ</td><td>上場株式、投資信託、ETF、REITなど
※国内株式の整理・監理銘柄、投資信託やETFなどで「高レバレッジ型」「毎月分配型」「信託期間20年未満」のいずれかに該当するものは除外</td></tr>
<tr><td>対象年齢</td><td colspan="2">18歳以上</td></tr>
</table>

NISAはつみたてでコツコツ増やすのが基本

03

これはOK！
すでに選別
されているから
積み上げやすいのね
金融庁

つみたてを勧める3つの理由

2タイプあるNISAですが、〝つみたて〟から始めるのがおすすめです。理由は「①少額からでも始めやすいこと」「②商品である投資信託は金融庁が定めた厳しい基準をクリアした銘柄のみであること」「③一定額ずつ購入することで利益が出やすい仕組み」にあります。

レイナ：投資信託の銘柄なんてわからないから不安…

カメ先生：つみたてNISAの対象銘柄は、事前に金融庁の厳しい審査を受けたものばかりなんだよ

NISAつみたて投資のメリット❶

少額からスタートできて 定期預金よりも運用益を出しやすい

例 毎月４万円ずつ10年（＝元本480万円）積み立てる場合

つみたてNISA（つみたて投資枠）

利回り

3.0%

10年後

558万9657円

毎月4万円ずつ10年積み立てるとすると、元本は480万円。つみたてNISAで3%の運用を続ければ、運用益は79万円にまで膨らむ。

大手銀行の定期預金

3年定期金利

0.002%

10年後

480万476円

元本の480万円はつみたてNISAと同じだが、金利はたったの476円。しかも、利益分から約20%の税金が引かれてしまう。

少額でも長期間の積み立てで資産は増大

毎月決まった額を投資するのが積立投資です。定期預金でも同じだと思うかもしれませんが、金利に大きな差があります。投資の場合は損をする可能性もあります。しかし、**つみたてNISAでは3～5%の利回りを見込める可能性があるのに対し、大手銀行の3年定期金利は0・002%。しかも、利益には税金がかかります。**

積立投資なら少額から始められるのもメリット。つみたてNISAは、100円から積み立てられる金融機関もあります。投資を試すにはありがたいですが、投資額が10倍になれば利益も10倍です。慣れてきたら投資額を少しずつ増やしましょう。

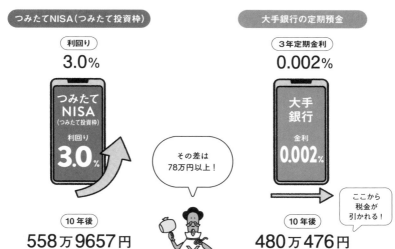

NISAつみたて投資のメリット❷

金融庁お墨付きの厳選された商品から選べる

＼ こんな商品だから買いやすい！ ／

- 購入時（販売）手数料が0円
- 運用中の手数料（信託報酬）が低い
- リスクの高い運用をしていない
- 十分な運用実績がある

● つみたてNISA（つみたて投資枠）で購入できる対象商品

		国内	国内＆海外	海外
公募投信	株式型	44本	17本	55本
	資産複合型	5本	91本	2本
ETF		3本	―	4本

※2023年2月9日現在。

大損をしにくい優良な商品が揃う

つみたてＮＩＳＡの商品は「投資信託」です。投資信託は投資家から集めた資金を専門家が運用をする商品で、１つの銘柄でも数十や数百の商品を組み入れているため、分散投資の効果が得られます。

なかでも**つみたてＮＩＳＡで買える商品は、金融庁の定める厳しい基準を満たし、届け出が行われたもの**に限られます。多少の優劣はあっても、大きく失敗しにくいといえます。

KEYWORD

ETF

Exchange Traded Fund の略で、日本語では「上場投資信託」と訳される。証券取引所に上場している投資信託で、TOPIXや日経平均株価といった指標に連動することを目指す。

NISAつみたて投資のメリット❸

「ドルコスト平均法」の活用で利益を出しやすい

投資信託の値段（基準価額）が以下のように変動すると…

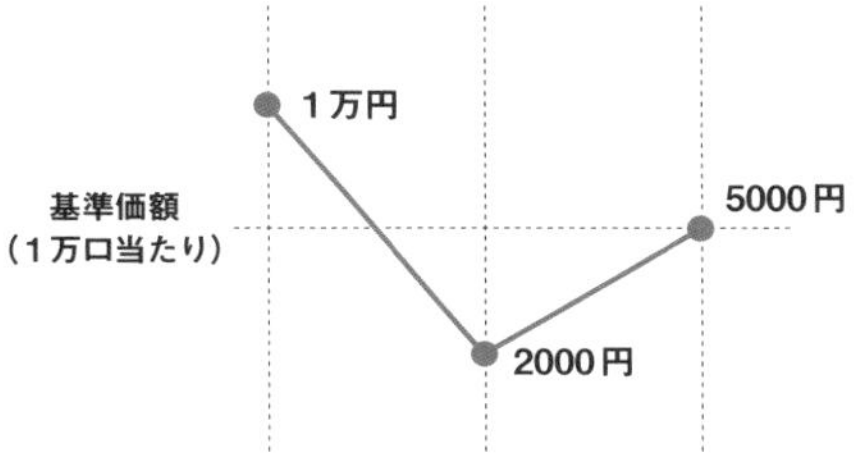

毎月、「一定額」ずつ積み立てた場合（ドルコスト平均法）

積立額	1万円	1万円	1万円	➡	合計金額 3万円	1万口当たりの平均購入額 3750円
購入口数	1万口	5万口	2万口	➡	合計口数 8万口	

毎月、「一定量」ずつ積み立てた場合

積立額	1万円	2000円	5000円	➡	合計金額 1万7000円	1万口当たりの平均購入額 5667円
購入口数	1万口	1万口	1万口	➡	合計口数 3万口	

値上がりが小さくても利益が出る仕組み

　値動きのある商品を一定額ずつ購入すると、価格が高いときに買える量は少なく、価格が安いときほどたくさん買えます。投資信託を毎月一定額で購入すると、この仕組みを利用することになり、平均購入額を抑えられます。これを**「ドルコスト平均法」**といい、**商品の価格が大幅に上がらなくても利益を出せる可能性が高くなります。**

　商品が値上がりを続けるなら最初にまとめて購入すれば大きな利益につながりますが、相場の動きはわかりません。商品価格は上下するため、値上がり時に利益が大きくなるように準備しておきたいもの。それができるのがつみたてNISAです。

つみたてNISA（つみたて投資枠）の運用シミュレーション

◯年後に貯めたい金額から毎月の積立額を算出

やみくもにつみたてNISAを始めるのではなく、「20年後に500万円貯めるには、毎月いくらずつ積み立てればいいのか」のようなシミュレーションをしておこう。つみたてNISAの想定利回りは3〜5％で計算するのが現実的で、金融庁の「資産運用シミュレーション」を用いて算出できる。将来の貯蓄額が明確に見えていると、毎月の積み立てにも前向きになれる。

● 金融庁の「資産運用シミュレーション」で試算

積立期間 20年
想定利回り 3％
目標金額 500万円

→ 毎月の積立額 1万5230円

金融庁「資産運用シミュレーション」

● 積立金額と運用成果

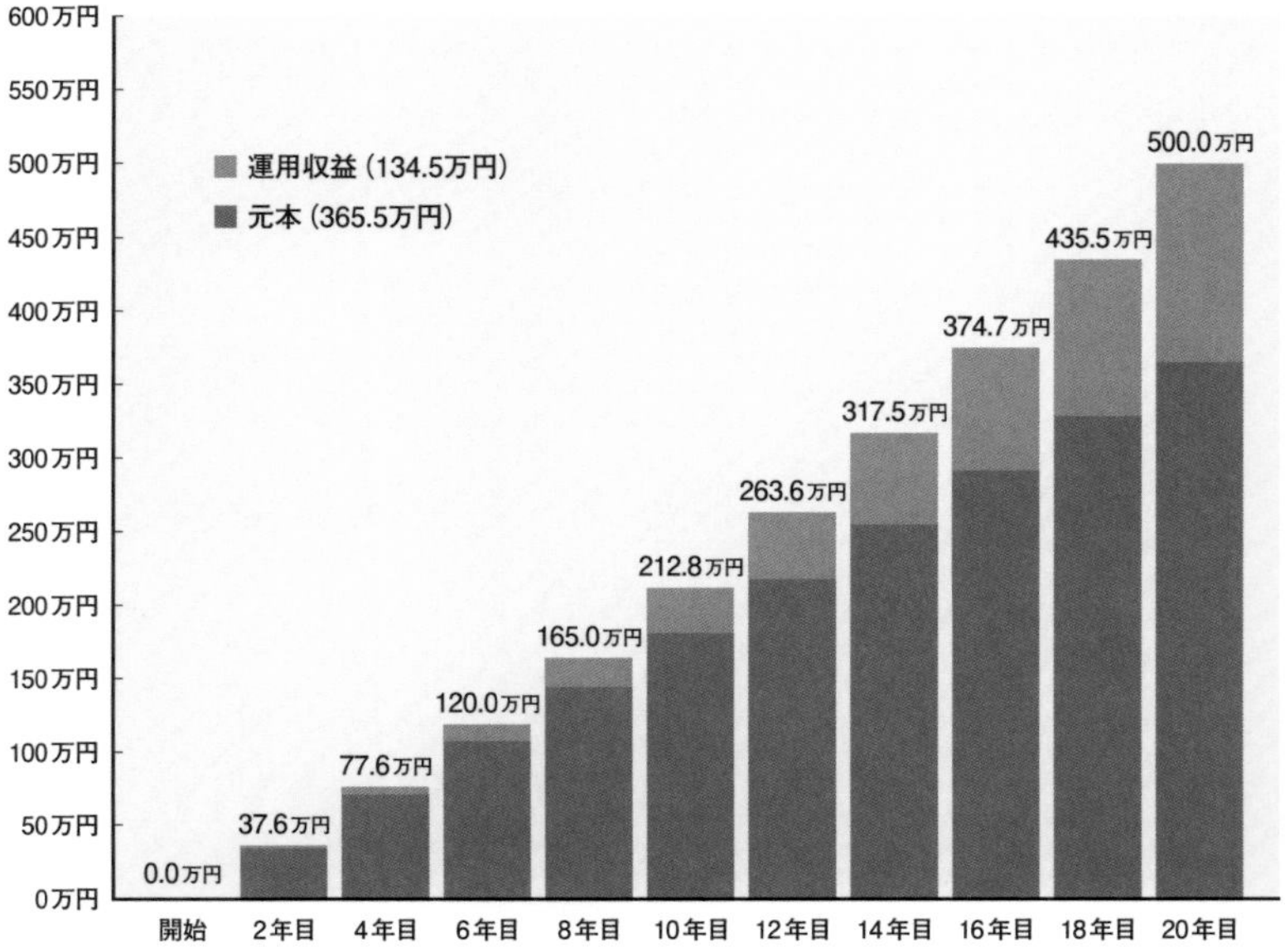

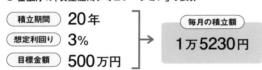

[つみたてNISA（つみたて投資枠）の運用シミュレーション]

毎月の積立額から将来の運用成果を算出

毎月積み立てられる金額から、将来の資産をシミュレーションすることもできる。2023年までは年間40万円までの限度額だったため、ひと月３万3333円が上限だった。しかし、2024年からは年間120万円まで積み立てることができるので、ひと月10万円まで設定が可能。だからこそ、懐事情と相談しながら無理のない範囲で金額を設定しよう。

● 金融庁の「資産運用シミュレーション」で試算

毎月の積立額	4万円
積立期間	20年
想定利回り	3%

→ 20年後の運用金額 **1313万2080円**

● 積立金額と運用成果

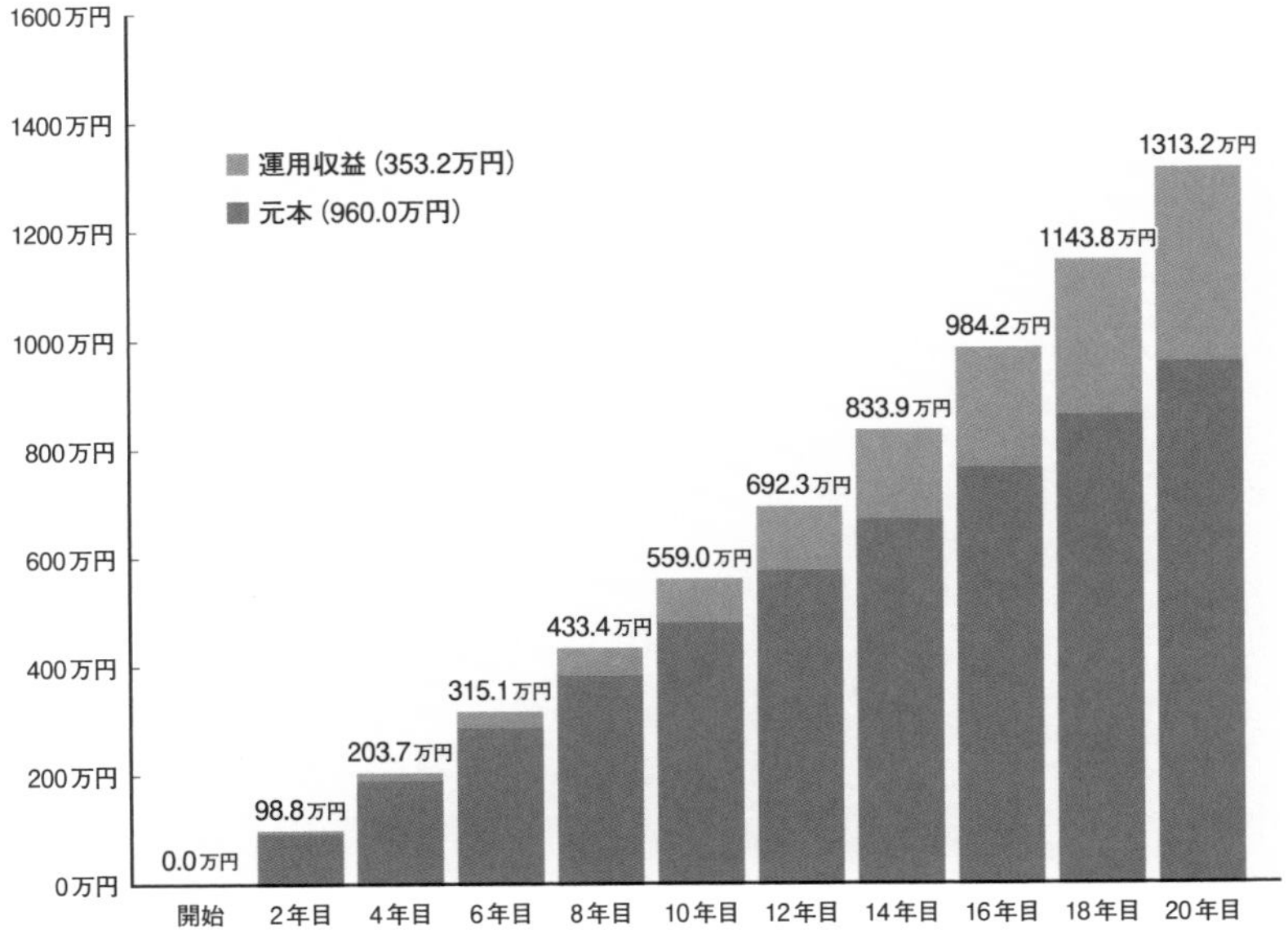

04

NISAを始める金融機関選び

A証券
B証券
品揃えのいい金融機関を選びたい！

銀行ではなく証券会社の口座がおすすめ！

金融機関によって扱う商品が異なる

NISA口座は1人1つしか持てず、金融機関によって取り扱う商品やサービスが異なるため、金融機関選びは大切です。

一般的になじみ深いのが銀行ですが、証券会社と比較すると取り扱う商品数を絞り込んでいます。また、店舗の維持費や人件費がかからない分、ネット証券の手数料が断トツに安いため、**ネット証券がおすすめ**です。

最低投資金額もぜひ確認を。多くの金融機関では、つみたてNISAを最低1000円からスタートできます。なかには100円から投資できるところも。選べる積立頻度も異なるので、希望のサービスを受けられる金融機関を選びましょう。

「 NISAを始める金融機関４つのポイント 」

ポイント①
お目当ての商品はあるか？

NISAは銀行や証券会社で口座を開設できるが、銀行よりも証券会社（特にネット証券）がおすすめ。取り扱い商品数が多いうえ、取引も手軽。将来、ETFや株も導入したい人は、迷わず証券会社を選択しよう。

ポイント②
最低積立金額はいくらか？

つみたてNISAの最低投資金額は、金融機関によって異なる。SBI証券、楽天証券、マネックス証券、松井証券などは100円から積み立てられ、1円単位で購入可能。少額から始めたい人にはありがたい。

ポイント③
積立頻度は月1回でいいか？

つみたてNISAの積立頻度は月1回が基本。金融機関によっては積み立てるタイミングをより分散できる毎日／毎週の積み立てに対応しているところもある。こうした希望があるなら、対応している金融機関を選ぼう。

ポイント④
銀行引き落としはできるか？

普段使用する預金口座から自動引き落としで積み立ててくれると便利。そのほか、条件に合うクレジットカード経由で積み立てを行うとポイントが貯まるサービスもあるので、事前に確認しておきたい。

● おもな金融機関の比較

	SBI証券	楽天証券	マネックス証券	松井証券
取り扱い商品数	184本	182本	156本	180本
最低投資金額	100円	100円	100円	100円
積立頻度	毎日／毎週／毎月	毎日／毎月	毎日／毎月	毎日／毎月
サポート体制	コールセンター（平日８時～17時／土日９時～17時）／AIチャット	コールセンター（平日８時30分～17時／土日９時～17時）／AIチャット	コールセンター（平日８時～17時）／AIチャット	コールセンター（平日８時30分～17時）／AIチャット
引き落とし銀行	全国450以上の銀行等に対応	全国450以上の銀行等に対応	全国の銀行等に対応	全国450以上の銀行等に対応
保有特典	Tポイント Pontaポイント dポイント Vポイント	楽天ポイント	マネックスポイント	松井証券ポイント

※2023年2月現在。

＼ 竹内先生おすすめ！ ／

つみたてNISAの銘柄5選 SBI証券

※2023年2月現在。

世界最大級の運用会社であるバンガード社のETFに低コストで投資できる「SBI・Vシリーズ」や、業界最低水準の運用コストのインデックスファンド「eMAXIS Slimシリーズ」などに投資できるよ

おすすめ ①

SBI・V・S&P500インデックス・ファンド

米国株式

米国の代表的な株式指数である「S&P500」に連動するように運用されるインデックスファンド。持続的な成長に期待ができる米国株式に分散投資が可能。S&P500に連動させる銘柄の中で最も信託報酬が安く、コストが極めて低く設定されている。

運用会社	SBIアセットマネジメント
連動対象	S&P500
ファンド設定日	2019/9/26
分類	外国株式型インデックス
購入時手数料（販売手数料）	無料
信託報酬	0.0938%程度
信託財産留保額	無料
トータルリターン	1年：3.83%／3年：14.92%

おすすめ ②

SBI・V・全米株式インデックス・ファンド

米国株式

「バンガード・トータル・ストック・マーケットETF」を通じて「CRSP USトータル・マーケット・インデックス（円換算ベース）」に連動するインデックスファンド。米国の大型株から小型株まで投資でき、中長期的な観点から成長企業への投資を期待できる。

運用会社	SBIアセットマネジメント
連動対象	CRSP USトータル・マーケット・インデックス
ファンド設定日	2021/6/29
分類	外国株式型インデックス
購入時手数料（販売手数料）	無料
信託報酬	0.0938%程度
信託財産留保額	無料
トータルリターン	1年：3.67%／3年：－

おすすめ 3

eMAXIS Slim 先進国株式インデックス

先進国株式

海外先進国の株式に低コストで分散投資できるインデックスファンド。連動対象の「MSCIコクサイ・インデックス」は、海外22カ国の大型株・中型株で構成される。業界最低水準の運用コストを目指す「eMAXIS Slimシリーズ」のひとつ。

運用会社	三菱UFJ国際投信
連動対象	MSCIコクサイ・インデックス
ファンド設定日	2017/2/27
分類	外国株式型インデックス
購入時手数料（販売手数料）	無料
信託報酬	0.1023%以内
信託財産留保額	無料
トータルリターン	1年：5.54%／3年：13.93%

おすすめ 4

eMAXIS Slim 全世界株式（オール・カントリー）

全世界株式

日本国内・海外先進国・新興国を含む全世界株式に低コストで分散投資できる。「投信ブロガーが選ぶ！ Fund of the Year」で、4年連続1位を獲得する人気銘柄。業界最低水準の運用コストを目指す「eMAXIS Slimシリーズ」のひとつ。

運用会社	三菱UFJ国際投信
連動対象	MSCIオール・カントリー・ワールド・インデックス
ファンド設定日	2018/10/31
分類	外国株式型インデックス
購入時手数料（販売手数料）	無料
信託報酬	0.1144%以内
信託財産留保額	無料
トータルリターン	1年：5.01%／3年：12.69%

おすすめ 5

eMAXIS Slim バランス（8資産均等型）

バランス

国内株式・先進国株式・新興国株式・国内債券・先進国債券・新興国債券・国内REIT・先進国REITの8つの投資対象に均等に配分し、常に割安な資産へ投資。業界最低水準の運用コストを目指す「eMAXIS Slimシリーズ」のひとつ。

運用会社	三菱UFJ国際投信
連動対象	合成ベンチマーク（8資産均等）
ファンド設定日	2017/5/9
分類	バランス型インデックス
購入時手数料（販売手数料）	無料
信託報酬	0.154%以内
信託財産留保額	無料
トータルリターン	1年：1.60%／3年：4.75%

＼ 竹内先生おすすめ！ ／

「つみたてNISAの銘柄５選 楽天証券」

※2023年2月現在。

楽天証券では、つみたてNISAを楽天カードクレジット決済にするとポイント還元を得られるなどポイント面でのメリットが大きい。2022年の新規口座開設数は大手ネット証券でNo.1！

おすすめ ①

eMAXIS Slim 米国株式（S&P500）

米国株式

米国の代表的な株式指数である「S&P500」に連動するように運用されるインデックスファンド。純資産総額が増えると運用コストが下がる受益者還元型信託報酬を採用。業界最低水準の運用コストを目指す「eMAXIS Slimシリーズ」のひとつ。

運用会社	三菱UFJ国際投信
連動対象	S&P500インデックス
ファンド設定日	2018/7/3
分類	外国株式型インデックス
購入時手数料（販売手数料）	無料
信託報酬	0.0968%
信託財産留保額	無料
トータルリターン	1年：3.85%／３年：15.04%

おすすめ ②

楽天・全米株式インデックス・ファンド

米国株式

「バンガード・トータル・ストック・マーケットETF」をおもな投資対象とし、「CRSP USトータル・マーケット・インデックス」に連動するように運用されるインデックスファンド。たった1本で投資可能な米国株のほぼすべてに分散投資できる。

運用会社	楽天投信投資顧問
連動対象	CRSP USトータル・マーケット・インデックス
ファンド設定日	2017/9/29
分類	外国株式型インデックス
購入時手数料（販売手数料）	無料
信託報酬	0.162%
信託財産留保額	無料
トータルリターン	1年：3.61%／３年：14.42%

おすすめ ③

eMAXIS Slim 先進国株式インデックス

先進国株式

海外先進国の株式に低コストで分散投資できるインデックスファンド。連動対象の「MSCIコクサイ・インデックス」は、海外22カ国の大型株・中型株で構成される。業界最低水準の運用コストを目指す「eMAXIS Slimシリーズ」のひとつ。

運用会社	三菱UFJ国際投信
連動対象	MSCIコクサイ・インデックス
ファンド設定日	2017/2/27
分類	外国株式型インデックス
購入時手数料（販売手数料）	無料
信託報酬	0.1023%
信託財産留保額	無料
トータルリターン	1年：5.54%／3年：13.93%

おすすめ ④

eMAXIS Slim 全世界株式（オール・カントリー）

全世界株式

日本国内・海外先進国・新興国を含む全世界株式に低コストで分散投資できる。「投信ブロガーが選ぶ！ Fund of the Year」で、4年連続1位を獲得する人気銘柄。業界最低水準の運用コストを目指す「eMAXIS Slimシリーズ」のひとつ。

運用会社	三菱UFJ国際投信
連動対象	MSCI オール・カントリー・ワールド・インデックス
ファンド設定日	2018/10/31
分類	外国株式型インデックス
購入時手数料（販売手数料）	無料
信託報酬	0.1144%
信託財産留保額	無料
トータルリターン	1年：5.01%／3年：12.69%

おすすめ ⑤

eMAXIS Slim バランス（8資産均等型）

バランス

国内株式・先進国株式・新興国株式・国内債券・先進国債券・新興国債券・国内REIT・先進国REITの8つの投資対象に均等に配分し、常に割安な資産へ投資。業界最低水準の運用コストを目指す「eMAXIS Slimシリーズ」のひとつ。

運用会社	三菱UFJ国際投信
連動対象	合成ベンチマーク（8資産均等）
ファンド設定日	2017/5/9
分類	バランス型インデックス
購入時手数料（販売手数料）	無料
信託報酬	0.154%
信託財産留保額	無料
トータルリターン	1年：1.60%／3年：4.75%

［ つみたてNISAの口座開設をしよう ］

※SBI証券を例に紹介。

STEP1 必要書類を準備する

● 口座開設時の必要書類

	マイナンバーカードあり	マイナンバーカードなし
スマートフォン	マイナンバーカードのみ	通知カード＋運転免許証
郵送	マイナンバーカード ＋以下の本人確認書類1点 • 運転免許証 • 運転経歴証明書 • 住民基本台帳カード（写真付き） • パスポート • 発行後6カ月以内の住民票の写し • 各種健康保険証 • 印鑑証明書	通知カード ＋以下の本人確認書類2点 • 運転免許証 • 運転経歴証明書 • 住民基本台帳カード（写真付き） • パスポート • 発行後6カ月以内の住民票の写し • 各種健康保険証 • 印鑑証明書

スマホを使用してその場で撮影と提出が可能な場合、マイナンバーカードさえあればすぐに申し込み手続きができる。マイナンバーカードを持っておらず、通知カードで対応する場合は、通知カードのほかに運転免許証などが必要なので用意して進めよう。

STEP2 証券口座を開設する

口座開設の申し込みをする

1 QRコードを読み込んで、SBI証券のNISA申し込みサイトを表示。［一般NISA・つみたてNISAを始める］をタップ。

2 メールアドレスを入力して、［次へ］をタップ。

3 メールに届いた認証コードを入力して［次へ］をタップ。

4　居住地、氏名、生年月日、住所などの情報を入力。特定口座は［開設する］を選択。NISAの申し込みやiDeCoの資料請求など、該当するものをすべて入力&選択して［次へ］をタップ。

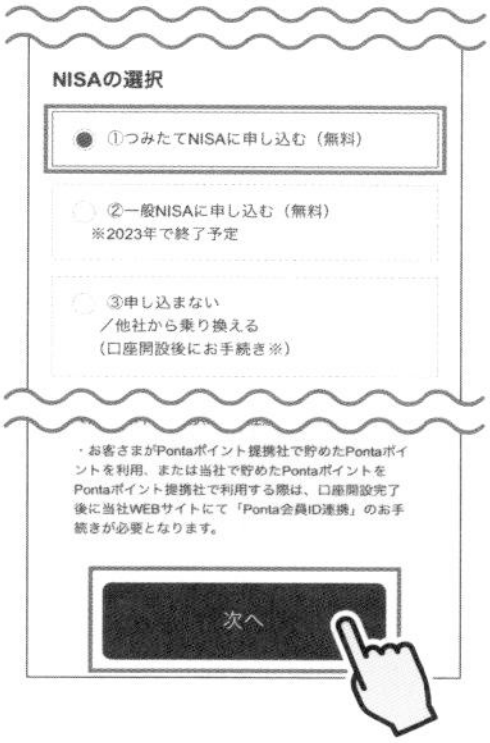

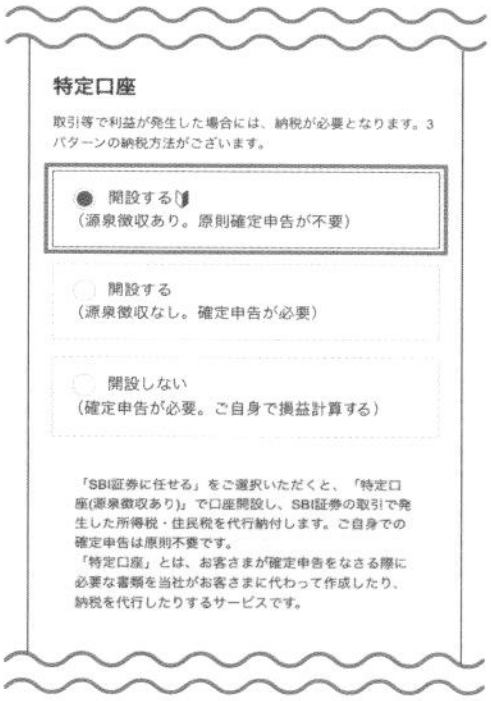

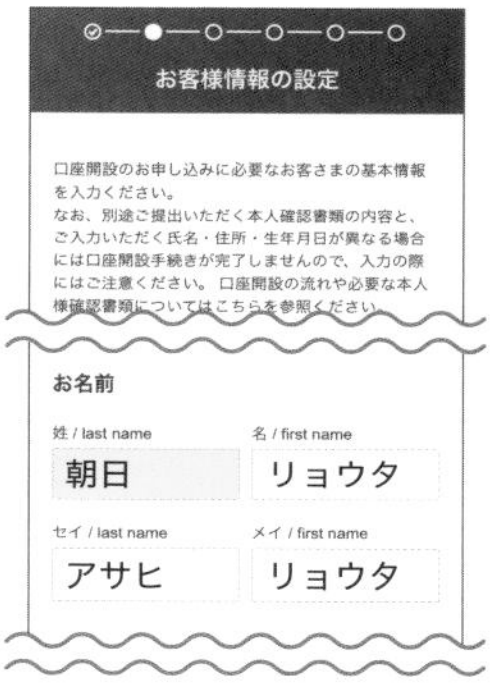

5　各種規約を確認して確認欄にチェックを入れ、［同意する］をタップ。

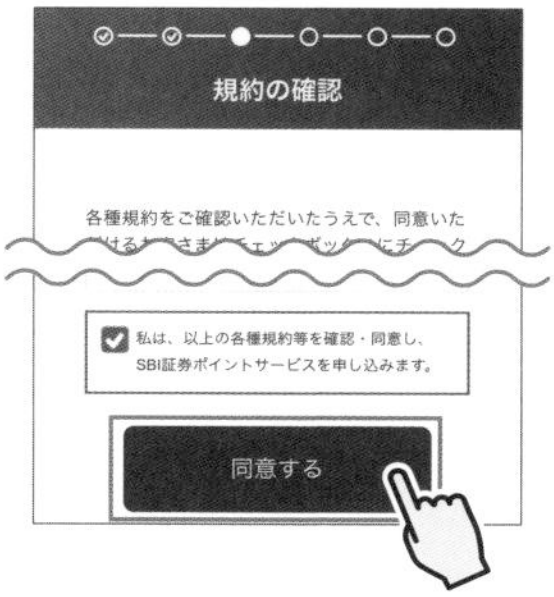

6　入力内容の確認をして、［口座開設方法の選択］をタップ。

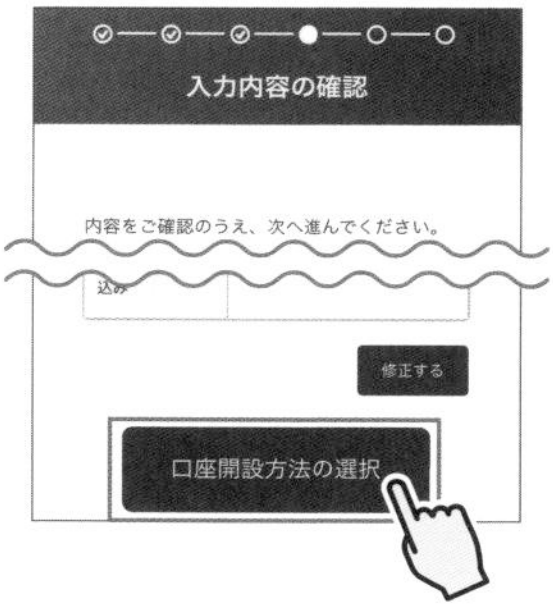

7　［ネットで口座開設］を選択して、［申し込む］をタップ。

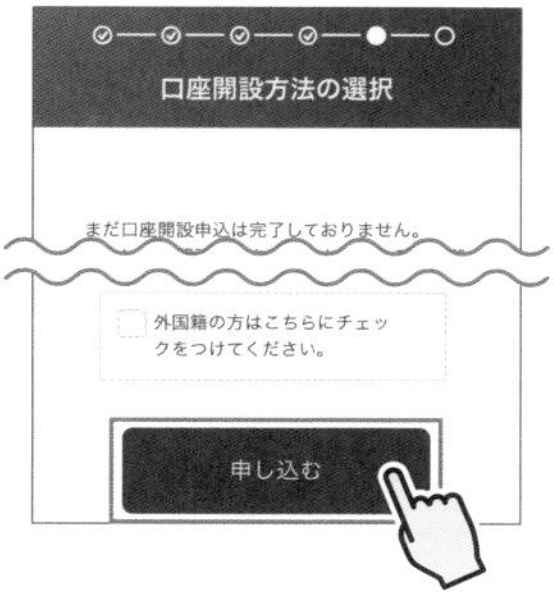

8　「受付番号」「口座番号」「ユーザーネーム」「ログインパスワード」が表示されるので、スクリーンショットをとるなど保存をして［次へ］をタップ。

本人確認書類を提出する

1 ［本人確認書類の提出］をタップ。

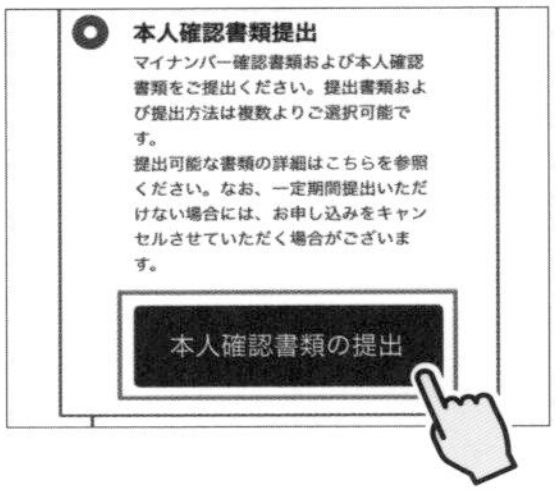

2 入力情報に間違いがないか確認して、［次へ］をタップ。

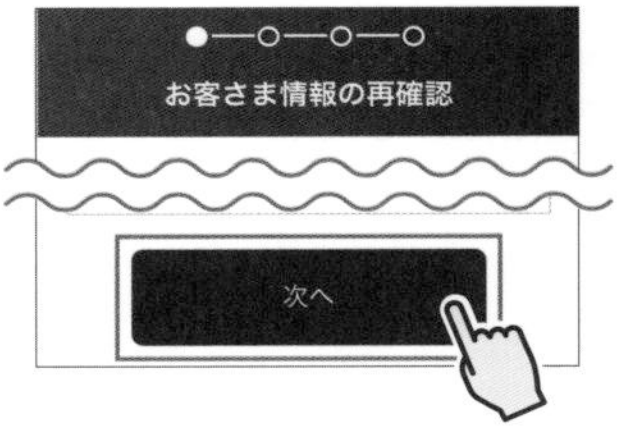

3 「マイナンバー確認書類」「提出方法」「口座開設完了通知受取方法」「本人確認方法」を選択し、［次へ］をタップ。

4 ［撮影に進む］をタップ。

5 画面の指示に従って、顔写真とマイナンバーカードの撮影をする。最後に［登録して完了］をタップ。

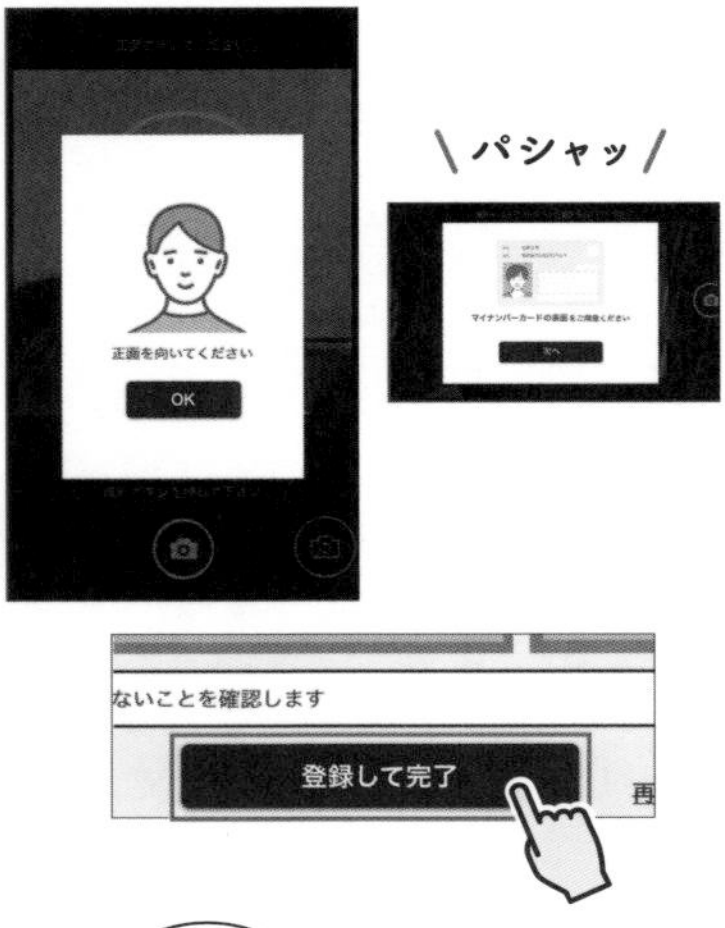

取引パスワードと初期設定をする

4 取引パスワードの設定が完了すると表示される［初期設定する］をタップ。

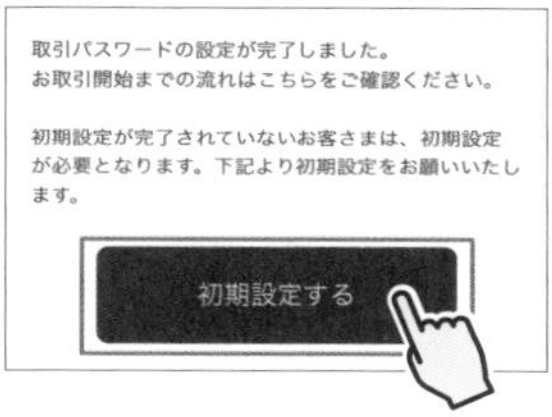
取引パスワードの設定が完了しました。
お取引開始までの流れはこちらをご確認ください。
初期設定が完了されていないお客さまは、初期設定が必要となります。下記より初期設定をお願いいたします。
初期設定する

5 お客さま情報を入力し、順次［次へ進む］をタップ。

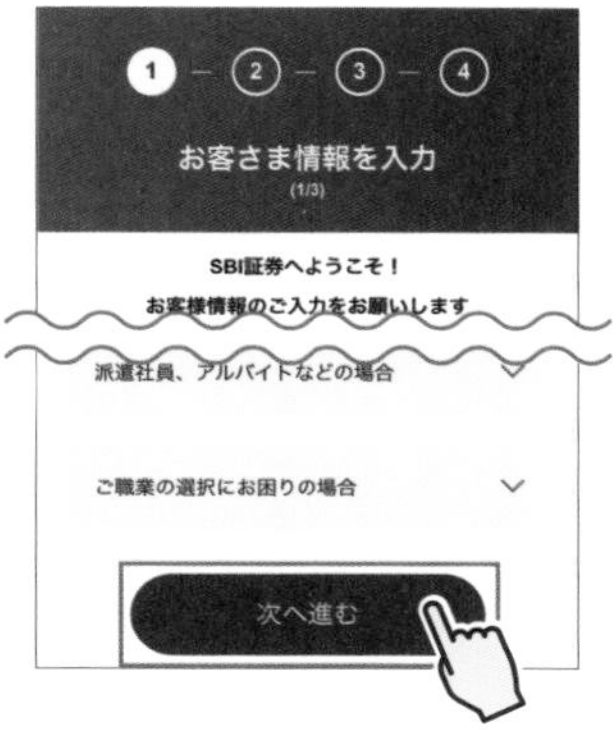
1 - 2 - 3 - 4
お客さま情報を入力
(1/3)
SBI証券へようこそ！
お客様情報のご入力をお願いします
派遣社員、アルバイトなどの場合
ご職業の選択にお困りの場合
次へ進む

6 振込先金融機関口座を入力し、順次［次へ進む］をタップ。

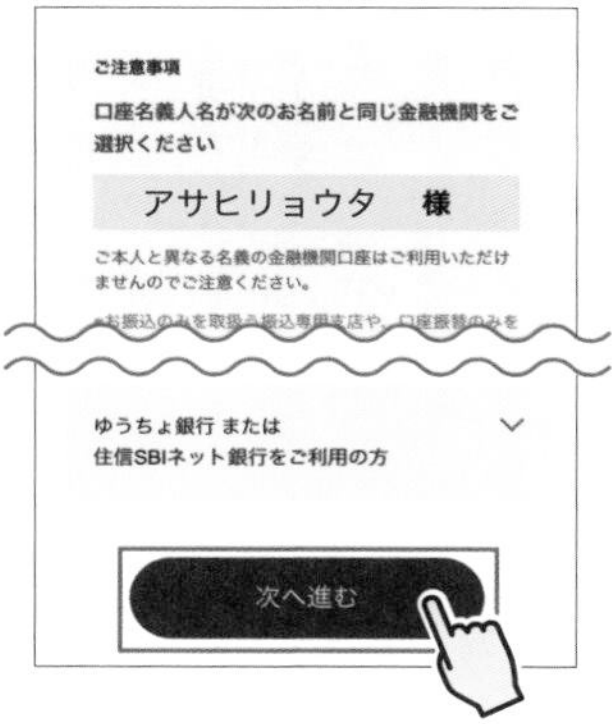
ご注意事項
口座名義人名が次のお名前と同じ金融機関をご選択ください
アサヒリョウタ　様
ご本人と異なる名義の金融機関口座はご利用いただけませんのでご注意ください。
ゆうちょ銀行 または
住信SBIネット銀行をご利用の方
次へ進む

2～3日(※)で
審査完了メールが
届くよ

※1週間～10日程度かかることもある。

1 本人確認書類審査が完了すると、SBI証券から案内メールが届く。「口座開設状況画面はこちら」のURLをタップ。

2 P.111の **8** で案内された「ユーザーネーム」と「ログインパスワード」を入力し、［ログイン］をタップ。

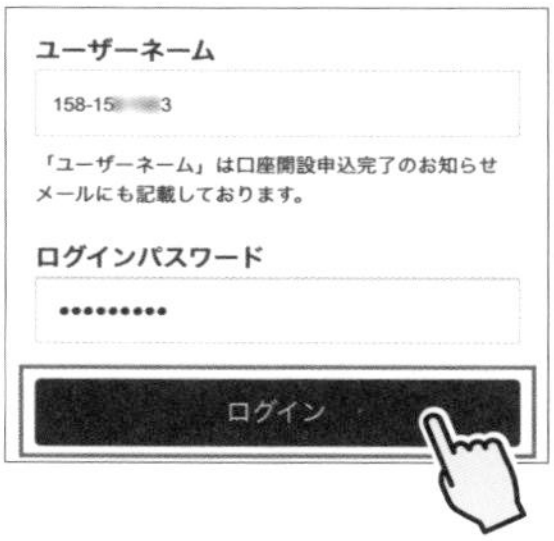
ユーザーネーム
158-15 3
「ユーザーネーム」は口座開設申込完了のお知らせメールにも記載しております。
ログインパスワード
••••••••••
ログイン

3 ［取引パスワード設定］をタップ。

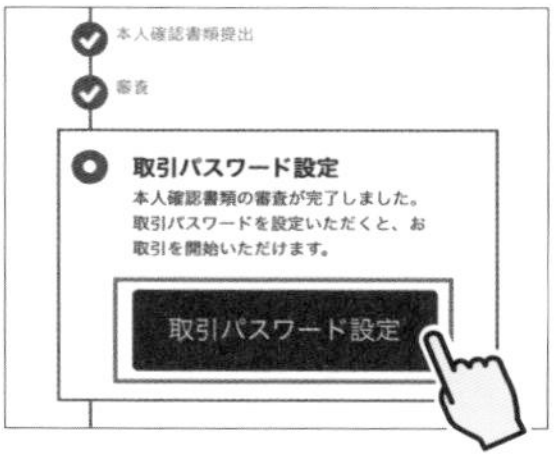
本人確認書類提出
審査
取引パスワード設定
本人確認書類の審査が完了しました。
取引パスワードを設定いただくと、お取引を開始いただけます。
取引パスワード設定

画面の指示に従って「取引パスワード」を設定する。SBI証券では、「ログインパスワード」と「取引パスワード」の2つのパスワードがあるのできちんと管理しよう。

9 「ユーザーネーム」と「ログインパスワード」を入力して［ログイン］をタップすれば、ログイン完了。［NISA／つみたてNISA］をタップ。

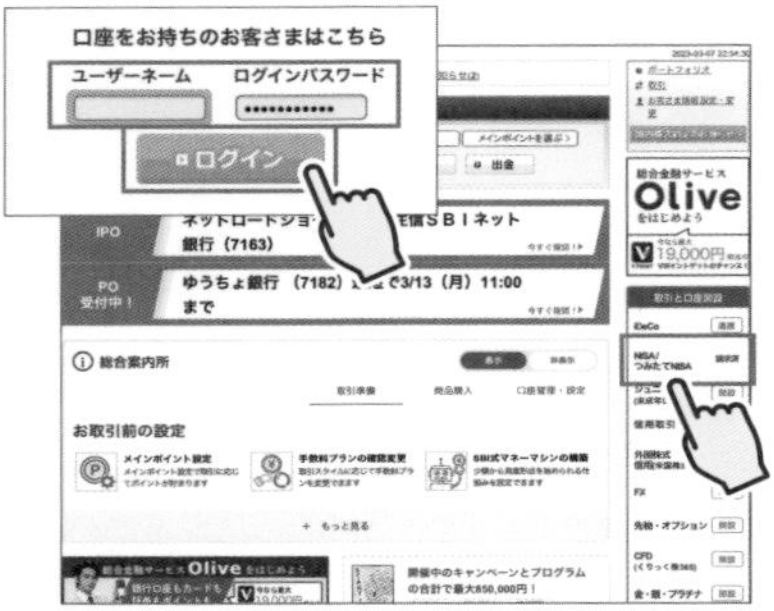

10 NISAやつみたてNISAで買える商品を探すことができる。

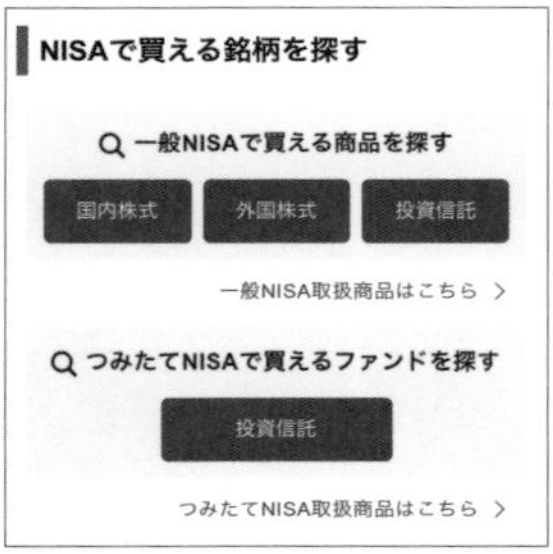

つみたてNISAは「SBI証券かんたん積立アプリ」が便利

SBI証券 かんたん 積立

SBI証券の投資信託の積立専用アプリ。つみたてNISAで保有する投資信託の状況確認や積立設定などを管理できる。

▼ダウンロードはこちら

iPhone　Android

7 投資に関するご質問を入力し、順次［次へ進む］をタップ。

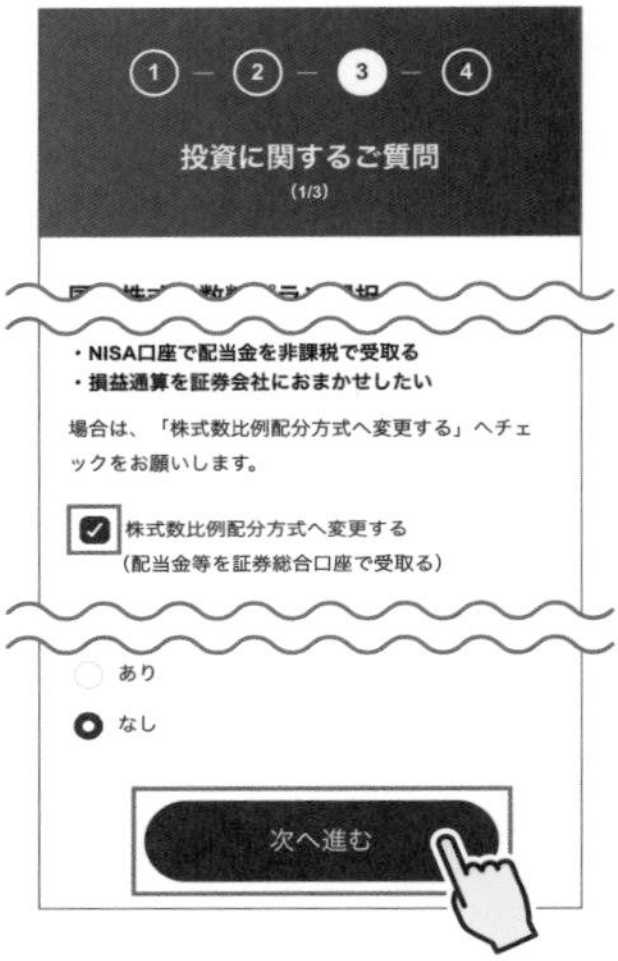

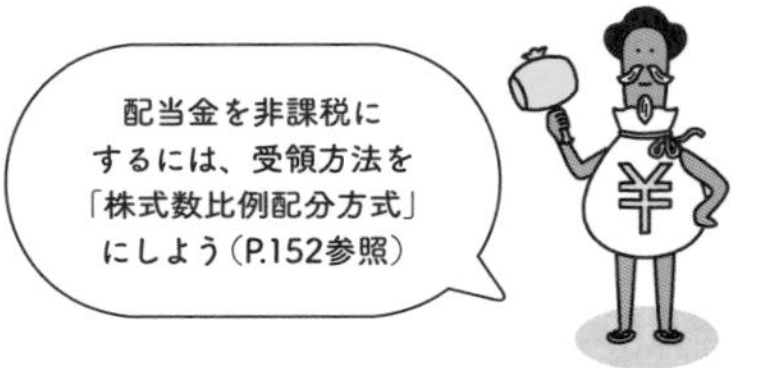

8 登録内容を確認し、［この内容で登録］をタップ。

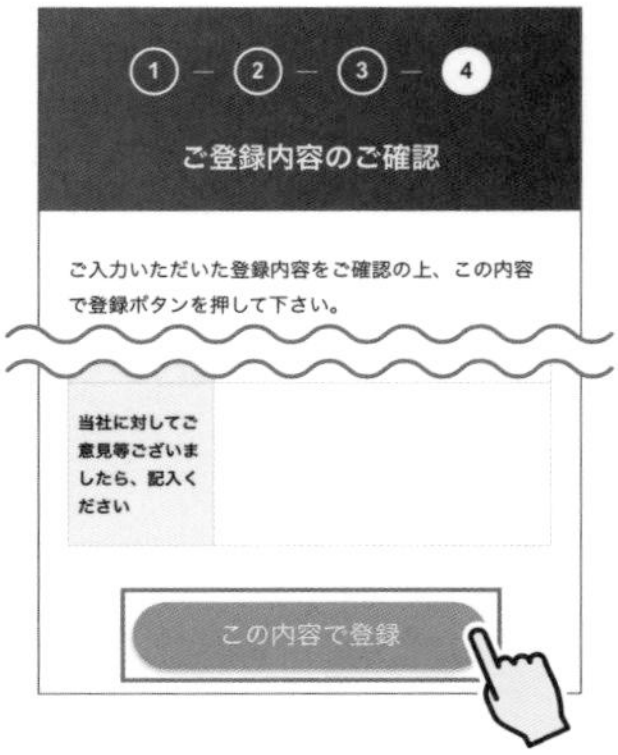

STEP3　つみたてNISAの商品を選んで購入する

1　アプリを立ち上げたら、トップ画面の右下にある［ 三（三本線のマーク）］をタップ。

2　［ファンド検索］をタップ。

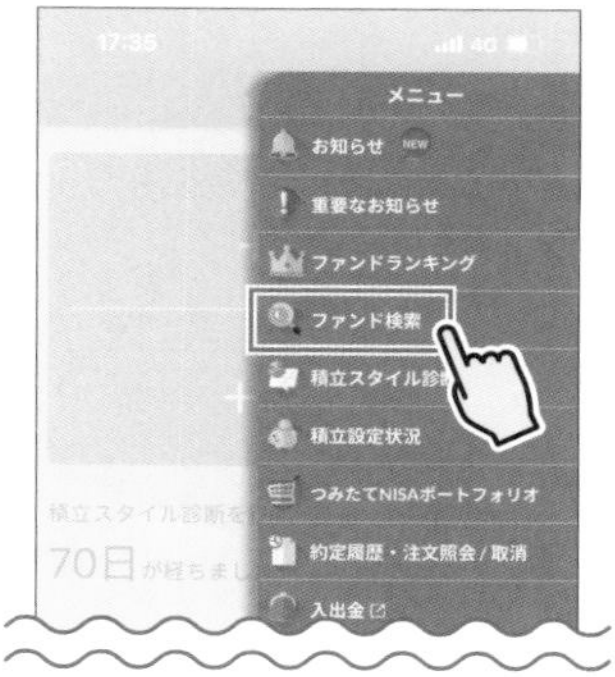

3　希望のファンドをタップ。

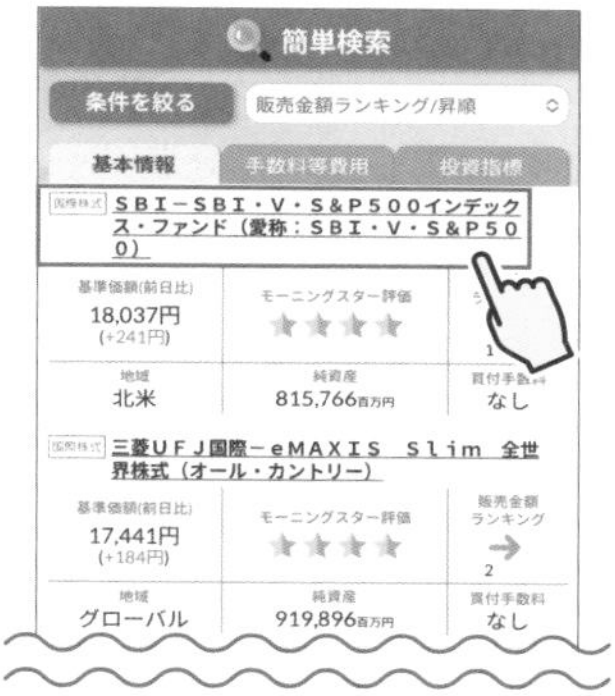

4　［つみたてNISA買付］をタップし、つみたてNISAポートフォリオに［追加して、設定する］をタップ。

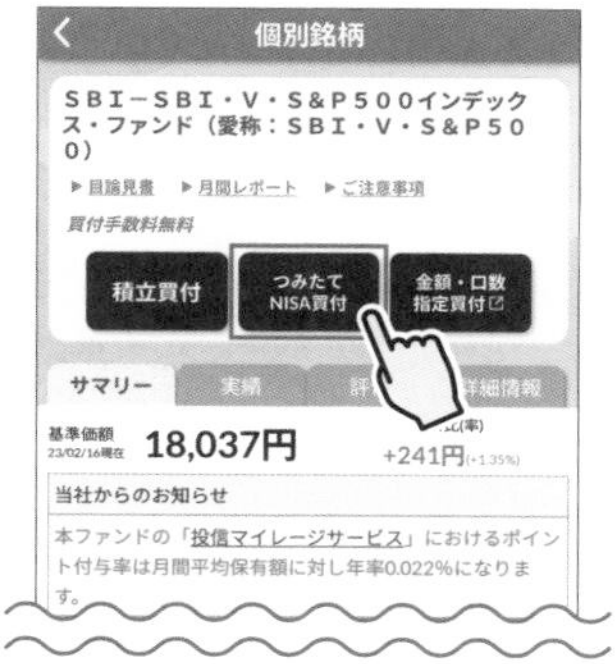

5 積立頻度や積立日、金額などを設定し、[次へ]をタップ。

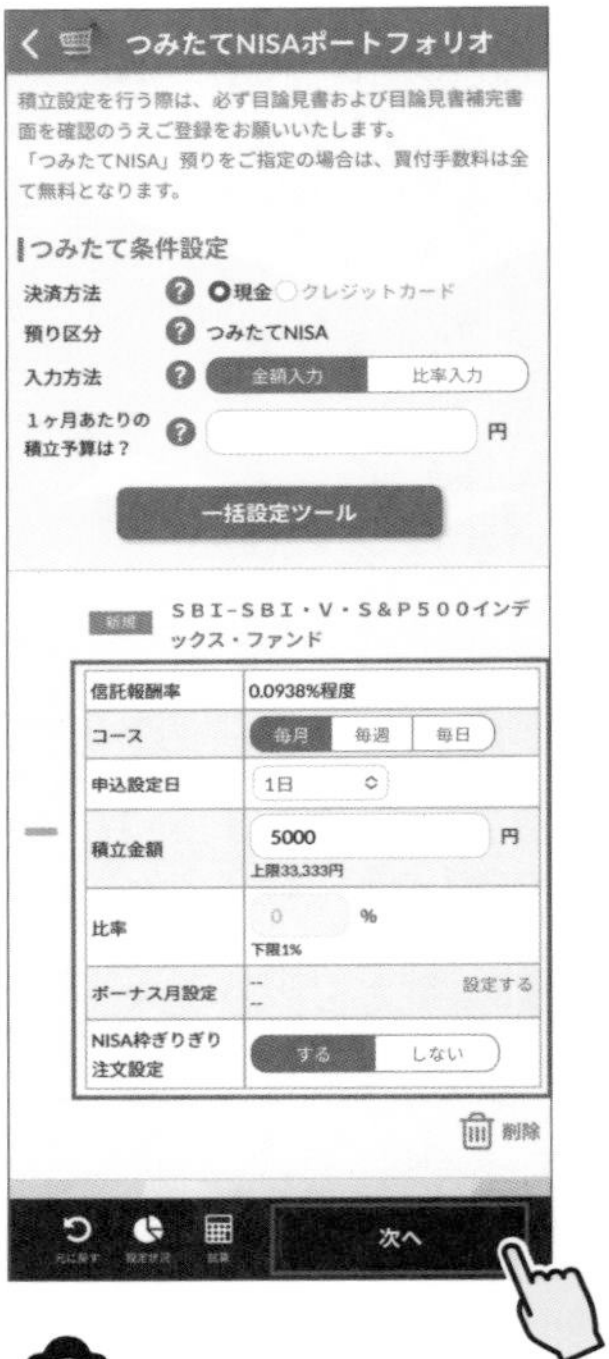

6 取引パスワードを入力して、[確認画面へ]をタップ。

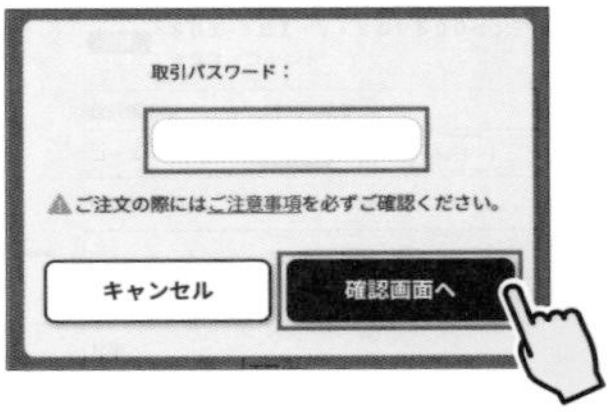

7 目論見書（P.128）などの書面を確認後、確認・同意を確認するメッセージに[✓]を入れ、[進む]をタップ。

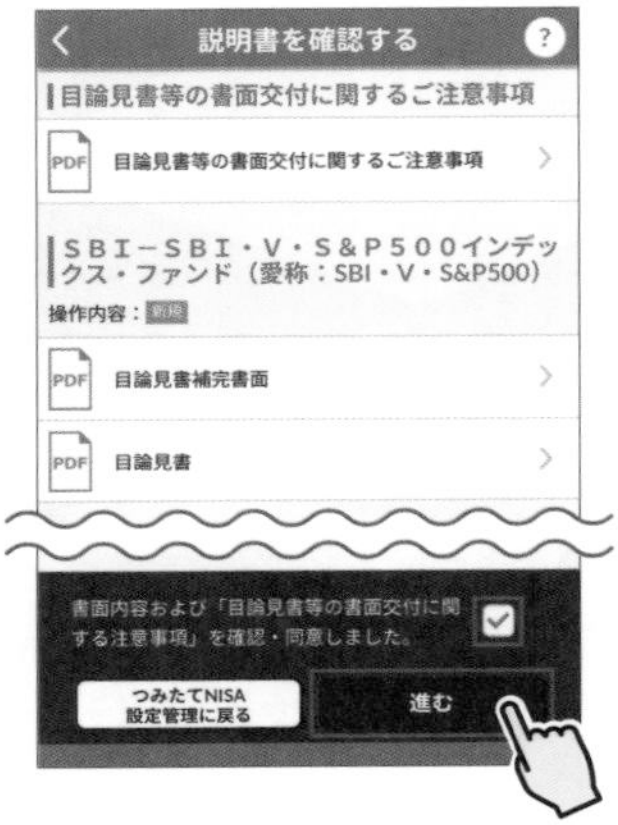

8 設定内容を確認して[確定]をタップ。

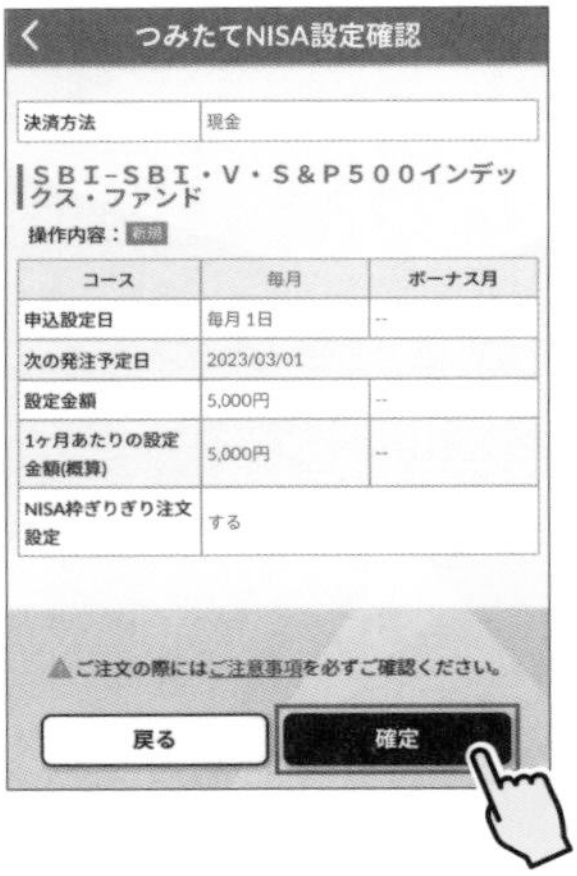

積立金額を変更するには…

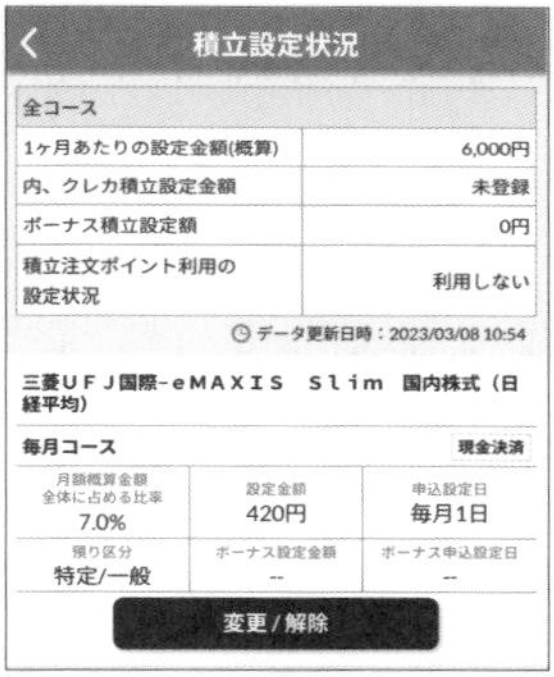

[貯金箱のマーク]をタップし、積立設定状況画面の[変更／解除]から変更できる。

証券口座に入金するには…

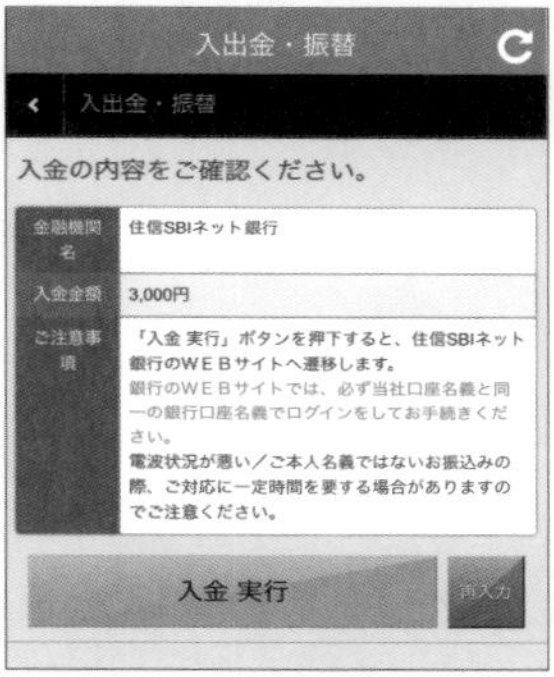

[三(三本線のマーク)]→[入出金]をタップすると表示される画面で、登録口座からの入金／出金手続きを行える。

運用状況を確認するには…

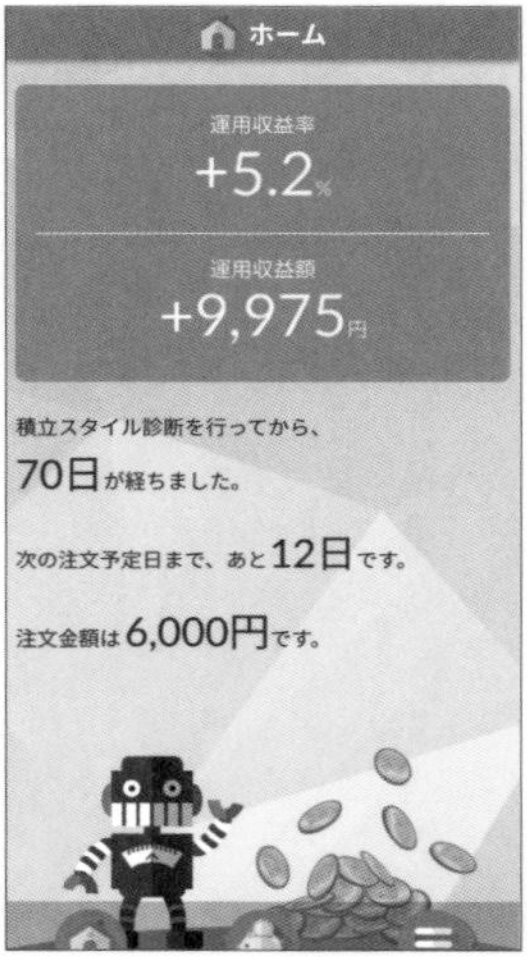

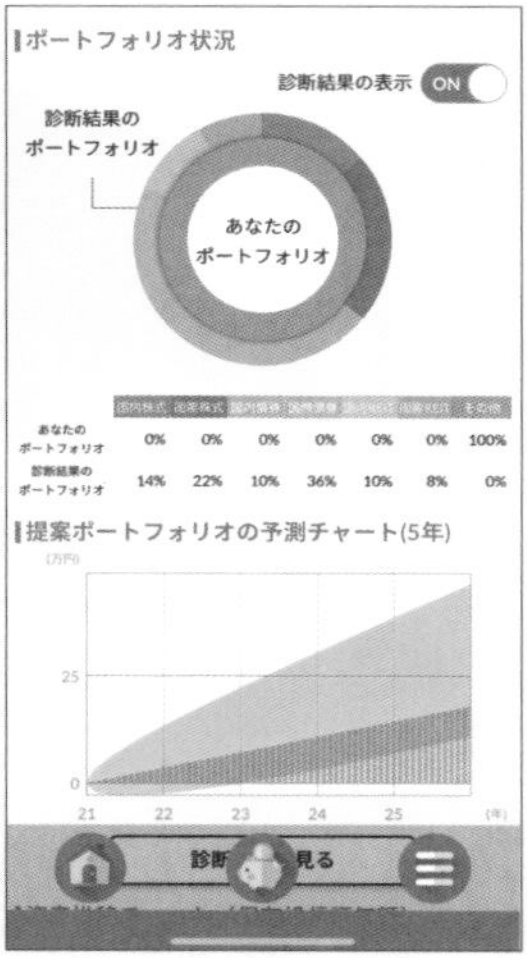

トップ画面には、保有ファンドの合計収益や資産状況がひと目でわかるように表示されている。

NISAで活かせる投資信託の知識①

05

投資信託ってどんな投資？

野菜炒め用の野菜は、手間のないカット野菜で！

投資信託は金融商品が入った福袋のようなもの

投資信託は自分で運用する代わりに、お金を専門家に預けて運用を任せる投資の仕組みです。株取引では、どんな銘柄をいつ売買するかなどを自分で判断するため、一定の知識が必要です。投資信託なら、こうした工程をプロに一任できます。

通常は株式を購入する場合、

アキ：投資信託って、何がいいの？

カメ先生：投資金額やリスクを抑えて運用できるのが魅力！　だから、初心者に向いているんだ

投資信託を積み立てるメリット

メリット1 少額から投資できる

つみたてNISAなら、毎月1000円からでも積み立てることが可能。最初からたくさんの資金で運用することに不安があれば、少額から始めて少しずつ金額を増やせばいい。

メリット2 運用はプロに任せられる

投資はどんな銘柄をどのタイミングでどれだけ買うかが重要。投資信託なら、こういったプロセスをプロに任せて運用できるので、投資の知識がなくても挑戦しやすい。

メリット3 自動的に続けられる

初回に購入条件などの設定をすれば、あとは自動的に決まった額で購入商品を証券口座から買い付けられるので手間がかからない。買い忘れも防げるので、続けやすい。

だから長期の
資産形成にイイね！

最低単位が決まっているため、1社につき数十万、数百万という大金が必要です。一方、投資信託は1人の投資家が投資するお金は数百円、数千円でも、世界の金融商品を動かして運用します。世界のさまざまな投資対象に、少額から分散して投資できる商品というわけです。

投資信託の積み立ては、タイプの異なる金融商品が詰まった福袋を毎月購入するようなもの。プロに委託する分の手数料は必要ですが、運用のための知識がそれほどいらない、初期投資に大金を費やす必要がないことが始めやすい理由です。

投資信託は商品数が多いところが難点。しかし、**つみたてNISA向けの銘柄はすでに絞られていて、初心者でも優良なものを選びやすい**といえます。

06

NISAで活かせる投資信託の知識②

投資信託の中身って？

国内株式

国内企業の株式を購入するもの。円で投資するため、為替の影響を受けにくく、知っている企業なら親近感もわきやすい。大手企業よりもベンチャー企業や中小企業に投資して業績が好調な場合、大きな値上がりを期待できる。

国内株式の特徴
- 業績が好調なら値上がり益を期待できる
- 国内企業の応援につながる

外国株式

2050年世界GDPランキング（予測）

1位	中国	2位	インド
3位	アメリカ	4位	インドネシア
5位	ブラジル	6位	ロシア
7位	メキシコ	8位	日本
9位	ドイツ	10位	イギリス

PwC発表（2017）

海外の市場で取引されている株式に投資するもの。投資信託の商品の中では、ハイリスクハイリターンだが、成長が期待できる新興国に投資することで大きなリターンを受けられる可能性も。

外国株式の特徴
- 日本にはない伸びしろが狙える
- 新興国はリスクも高いが、高リターンも狙える

投資信託のおもな中身は国内外の株式や債券

投資信託では、世界中の投資対象に分散投資できます。具体的には投資の柱となる「株式」と「債券」があり、国内だけでなく、海外の株式や債券を含む投資信託もあります。不動産投資信託（REIT）を扱う商品も多いです。

それ以外では、原油や金など商品先物市場で取引されている商品を対象とするコモディティ

投資信託のおもな金融商品

債券

債券は、資金を集めようとする国や自治体、会社が発行する借用証書のようなもの。日本の国債、地方債、社債のほか、外国の債券を買うこともできる。お金を貸す代わりに利息を受け取り、満期になると元本を返してもらえる。株式に比べると低リスクだが、満期前に国や会社が倒産した場合には元本割れが起こる可能性がゼロではない。

債券の特徴
- 決められた利益を満期時に受け取れる
- 株式投資に比べるとリスクが低い

不動産投資信託（REIT）

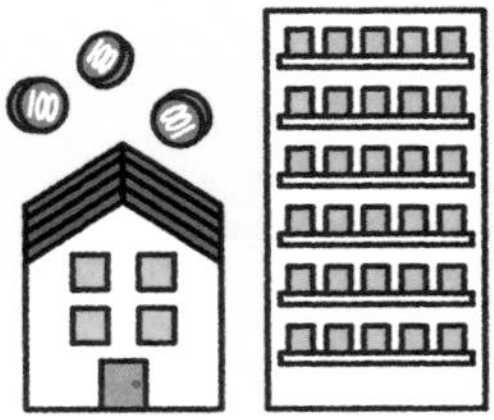

不動産を中心に運用する金融商品。通常の株式と同様、金融商品取引所でいつでも売買できる。投資家から集めたお金で不動産投資の専門家がオフィスやマンションなどの不動産を購入し、その賃貸収入や売却した収益を投資家に分配。現物の不動産投資に比べて少額で購入できるのが魅力で、現物より換金性が高いのもメリットのひとつ。

REITの特徴
- さまざまな物件に分散投資できる
- REITのリスクは債券と株の間くらい

などがあります。ただし、**つみたてNISA用の商品の投資先は、株式、債券、REITに限られています。**

投資にはリスクがあります。ただし、このリスクは危険性という意味ではありません。投資におけるリスクは〝投資の結果のブレ幅〟と考えます。リスクとリターンは比例し、低リスクではリターンも低下します。

株式と債券を比較するとリスクが大きいのは株式で、国内よりも為替の影響を受けやすい国外の株式のほうがハイリスク。債券は株式に比べて安定性は高い代わり、リターンを得にくいといえます。株式と債券の中間程度が、不動産投資信託です。

お金を効率よく増やすには、**株式をベースに組み立てた投資信託を選ぶ**のが理想です。

NISAで活かせる投資信託の知識③

07

運用方法で分かれる投資信託の種類

インデックスファンド

低コストで市場に応じた運用を狙える

アクティブファンドに比べてリスクが小さく安定的に運用できる。日経平均株価などの指数に即した値動きを目指す。

アクティブファンド

大きなリターンを狙える可能性がある

積極的に利益を追求していくタイプで、リスクも大きいが、その分リターンも期待できる。個性的な商品が多いのも特徴。

積極的か安定か投資スタイルで選ぶ

投資信託の種類は、どんな運用をしているかで「アクティブファンド」と「インデックスファンド」に分かれます。また、タイプの異なる複数の資産に投資する「バランスファンド」もあります。

アクティブファンドは、運用を行うファンドマネージャー

［ 運用方法が異なる２タイプの投資信託 ］

インデックスファンド		アクティブファンド
指数と連動した値動きを目指す	運用手法	指数を上回る運用成果を目指す
同じ指数に連動するものなら、運用成績に大きな差はない	ファンドごとの運用成績	商品による差が大きい
低い	コスト（信託報酬）	高い
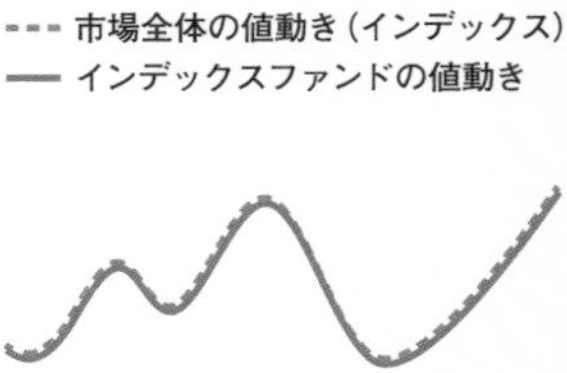	値動きのイメージ	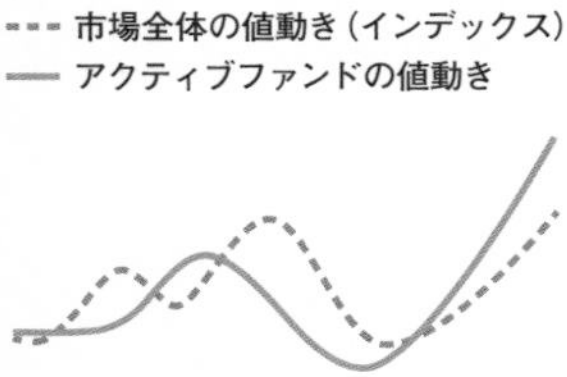

が、銘柄や売買の時期を見定めて〝市場の平均より高い利益を目指して積極的に運用する〟投資信託です。

インデックスファンドは、株価平均や指数平均など、商品ごとの平均値に連動するような値動きを目指して運用する投資信託。国内なら日経平均株価、TOPIX、先進国ならNYダウ、S&P500などさまざまな指数の平均点を目指します。アクティブファンドに比べてリスクが小さいのが特徴です。また、コストも低くなっています。

つみたてNISAの対象商品ではインデックスファンドが最も多く、人気も高いです。これはコストが低く、値動きがわかりやすいため。大きな成果を目指すなら、アクティブファンドを選ぶのもいいでしょう。

08

NISAで活かせる投資信託の知識④

利益を左右する投資信託のコスト

余計なコストはカット
COST

コストを見極めて効率よく運用を

投資信託はプロに資産を預けて運用してもらうため、個人で株の売買を行うのに比べて、手数料が多くかかります。

投資信託のおもなコストは、購入時にかかる「購入時(販売)手数料」、投資信託を運用している期間は支払い続ける「信託報酬」、解約時にかかる「信託

レイナ：手数料ってそんなに気にする？

カメ先生：たった数円でも何十年も払うから金額は大きくなるんだよ

レイナ：なら安いほうがイイ！

［ 投資信託にかかる3つの手数料 ］

解約時	運用中	購入時
信託財産留保額	信託報酬（購入前に必ず確認！）	購入時手数料（販売手数料）
投資信託の解約時にかかる手数料	投資信託を保有している間、継続して支払う手数料	投資信託を購入するときにかかる手数料
手数料率の目安 0～0.5%	手数料率の目安 年率0.2～3%	手数料率の目安 1～3%
↓ つみたてNISA（つみたて投資枠）iDeCoでも必要	↓ つみたてNISA（つみたて投資枠）iDeCoなら **低コストのものが多い**	↓ つみたてNISA（つみたて投資枠）iDeCoなら **無料**(※)

※一部、手数料が必要なものもある。

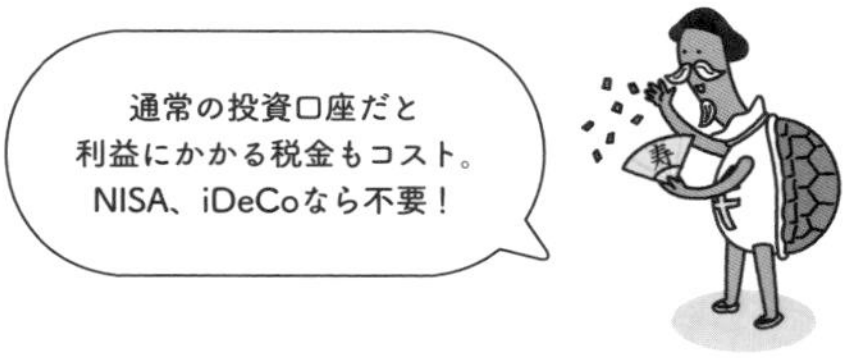
通常の投資口座だと
利益にかかる税金もコスト。
NISA、iDeCoなら不要！

財産留保額」の3つです。

このうち「購入時手数料」については、NISAやiDeCoでの投資では無料(※)です。「信託財産留保額」は解約時に必ずかかるコストですが、解約時に徴収して運用を安定させる手数料なので、長期保有者にとってはあるほうが有利な手数料と考えることができます。

注意すべきは、保有中にずっとかかる**「信託報酬」**です。運用状況にかかわらず、投資信託の資産から毎日差し引かれています。**目安は純資産総額の年0.2～3%ですが、投資期間が長くなるほどわずかな差が大きな金額差になって表れます。**

NISAやiDeCoでは、信託報酬も低く設定されたものが多いですが、開始前に必ず確認したいポイントです。

※iDeCoの加入時手数料2829円は必要。

NISAで活かせる投資信託の知識⑤

09

分配金は再投資するのが王道

分配金を受け取る

採れる卵が増える

すぐに利益がもらえるのはうれしいな
ここは再投資よ！

利益が出たら、すぐに使いたいな
再投資すれば将来のお金がもっと増えるよ！

え、だったら再投資しよう！

運用で出た利益は再び投資に活用して

投資信託を上手に運用して受け取ることができる利益は、大きく2つあります。1つは、**投資信託が値上がりして購入時より高く売ることで得られる「売却益」**です。もう1つは、**運用が順調に進んで利益が出たときにその一部が投資家に還元される「分配金」**です。投資信託は

2つの分配金の受け取り方

定期的に現金で受け取るなら

受取型

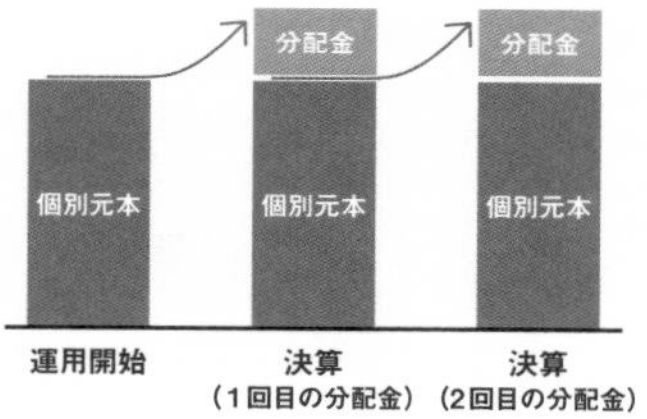

運用によって出た利益を、現金として受け取る方法。定期的に運用の成果を受け取って生活に役立てることができるので、運用の効果を実感しやすい。

長期的な運用メリットを考えるなら

再投資型

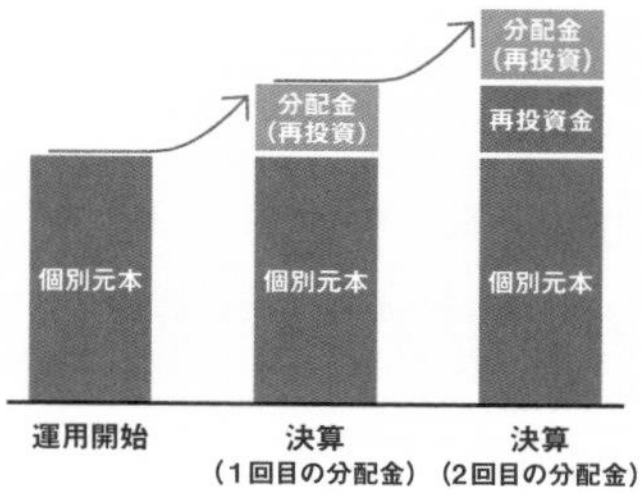

運用で出た利益を再度投資に回す方法。運用中のお金をどんどん増やすことができるので、複利の効果を受けやすい。長期運用するなら、迷わず「再投資型」に。

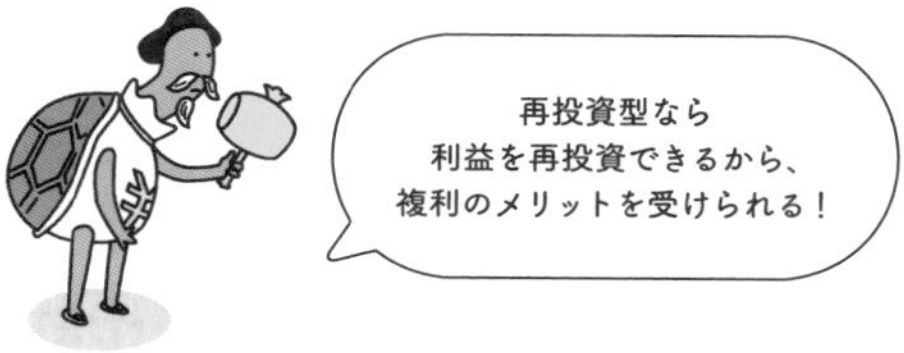

長期運用がおもな目的ですから売却益よりも、利益のメインは分配金となります。

分配金は現金で受け取ることもできますし、再び投資に回すことも可能です。もちろん判断はご自身の希望に応じてですが、長期的にお金を増やすなら**再投資するのがおすすめ**です。

例えば、元本100万円を5%の年間利回りで投資した場合、1年後には105万円になります。利益の5万円をそのまま投資に回すことで元本は105万円になり、さらに利益を増やすことができるのです。

KEYWORD

複利

利子に利子がつくこと。運用で出た利益を再投資することで運用額を増やし、雪だるま式にお金を増やすことができる。分配金を再投資すれば、高い複利効果が期待できる。

10

NISAで活かせる投資信託の知識⑥

目《もく》論《ろ》見《み》書《しょ》は投資信託の説明書

目論見書でファンドの内容を理解しよう

投資信託を選ぶ際に確認する書類が**「目論見書（投資信託説明書）」**です。いわゆる商品の説明書にあたり、投資信託に関するさまざまな情報がまとめて記載されています。

「アクティブファンド」か「インデックスファンド」かといった投資信託の種類や手数料、利益はどの程度見込めるか、運用におけるリスクはどれくらいかといった情報が明らかにされています。細かな資料を見るのが億劫な人もいるでしょう。でも、大きく5つのポイントを押さえて確認すれば問題ありません。

目論見書は、投資信託を販売する販売会社や運用会社のサイトで確認できます。

[目論見書のチェックポイント]

☑ Check1

商品分類・運用会社

投資信託説明書（交付目論見書）
使用開始日　2022.12.15

① SBI・V・S&P500インデックス・ファンド
愛称：SBI・V・S&P500

追加型投信／海外／株式／インデックス型

商品分類			属性区分						
② 単位型・追加型	③ 投資対象地域	④ 投資対象資産（収益の源泉）	補足分類	投資対象資産	決算頻度	投資対象地域	投資形態	為替ヘッジ	対象インデックス
追加型	海外	株式	インデックス型	その他資産（投資信託証券（株式））	年1回	北米	ファミリーファンド	なし	その他（S&P500指数（円換算ベース））

本書は、金融商品取引法第13条の規定に基づく目論見書です。
この目論見書により行う「SBI・V・S&P500インデックス・ファンド」の募集については、発行者であるSBIアセットマネジメント株式会社（委託会社）は、金融商品取引法第5条の規定により有価証券届出書を2022年12月14日に関東財務局長に提出しており、2022年12月15日にその効力が生じて〔…〕。

⑤ 委託会社 SBIアセットマネジメント株式会社
（ファンドの運用の指図等を行います。）
設立年月日：1986年8月29日
資本金：4億20万円
※2022年9月末現在
受託会社 株式会社りそな銀行
（ファンド財産の保管・管理等を行います。）

＜照会先＞
SBIアセットマネジメント株式会社
●ホームページ　http://www.sbiam.co.jp/
●電話番号　03-6229-0097
（受付時間：営業日の午前9時〜午後5時）

※ご購入に際しては、本書の内容を十分にお読みください。

①ファンド名
投資信託説明書の最初にはファンド名が記載されている。

②単位型・追加型
「単位型」は募集期間が限られている投資信託。「追加型」は、購入したいときにいつでも購入できる。

③投資対象地域
投資対象地域を示す項目。「内外」とある場合は、国内・海外の両方に投資する商品となる。

④投資対象資産
投資対象資産の内容を示す。「資産複合」とある場合は、株式や債券などがミックスされている。

⑤運用会社の情報
投資信託の運用（委託）をする会社の情報が記載されている。販売する会社ではないので注意しよう。

Check2
ファンドの目的・特色

投資対象にしている資産は何か、投資信託が目指すのは市場平均なのか高い利益なのかなど、投資信託の仕組みや運用手法、分配方針などが記載されている。

Check3
投資リスク

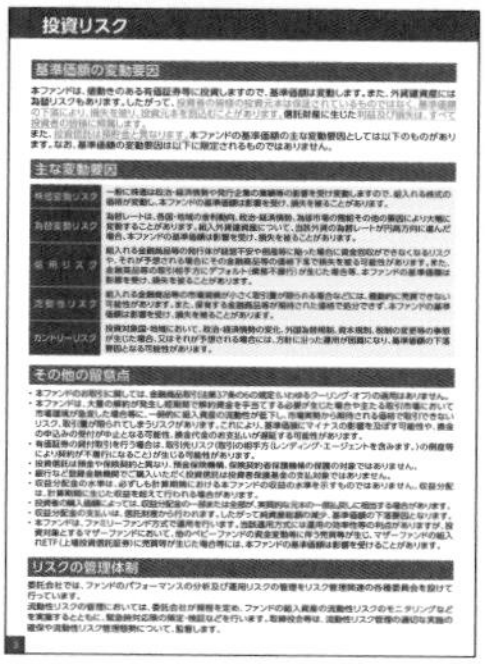

価格変動、為替変動、金利変動、信用リスク、国の情勢によるリスクなど、基準価額が変動する要因となるリスクについてまとめられている。

Check4
運用実績

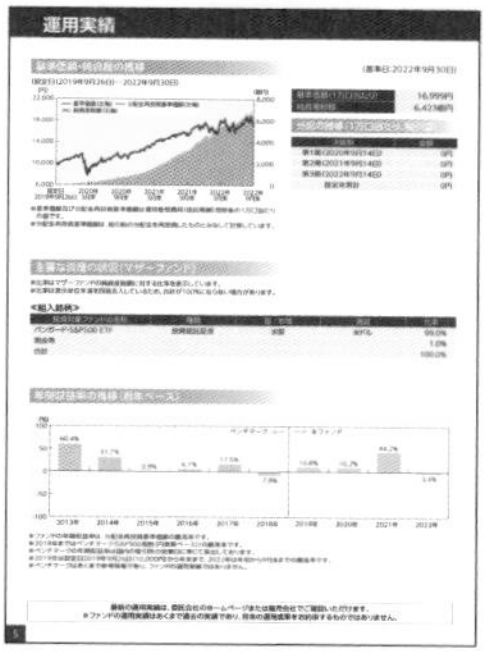

過去の運用実績に関する項目。基準価額、純資産や分配金、年間収益率の推移、おもな資産状況などが確認できる。分配金が減り続けていないかは要チェック。

Check5
手数料

運用にかかる手数料が記載されている。同じ投資信託でも販売する会社によって手数料が異なる場合もある。運用成果に直結するので、きちんと確認しよう。

11

NISAで活かせる株式投資の知識①

新NISAの成長投資枠で個別株にも投資できる

[新NISAの成長投資枠が向く人]

株式投資に
興味がある
自由に商品を
選びたい
投資にかける
時間とお金が
ある
相場の動きに
応じて機動的に
投資したい
まだまだ
成長して
やるぞ！

成長投資枠の活用はリスクや余力を見極めて

２０２４年に始まる新ＮＩＳＡで設けられた「成長投資枠」。これまでの一般ＮＩＳＡの役割を引き継いだ枠で、上場株式への投資ができ、年間の投資枠は２４０万円です。

つみたてを行いながら、個別株の購入もＮＩＳＡ口座内でできるようになり、株式投資にも挑戦しやすいでしょう。非課税メリットがあるとはいえ、株式投資で大きく損が出ることもあります。株式投資の基本的な知識は身につけておきましょう。

つみたて枠から始めて、余力が出たら成長投資枠に挑戦するなど、自分のリスクの許容度や資産の余力に応じて、資産配分をすることも大切です。

株で得られる３つの利益

値上がり益

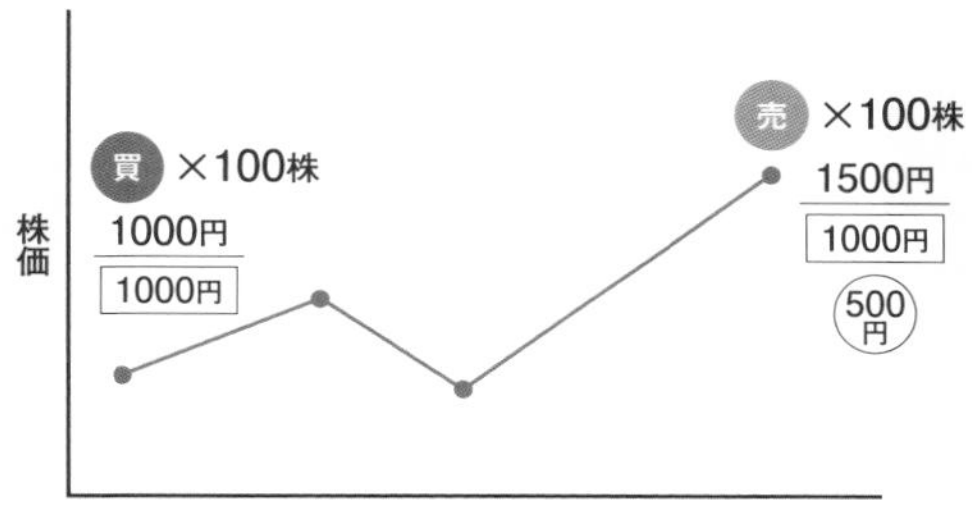

買 ×100株

売 ×100株

日々の企業の経営状況や世の中の景気によって価格が変動する株。株を買ったときから、企業が成長すると株価が高くなり、そのタイミングで売ることで株価の差額が利益となる。株で得る利益のうち、「値上がり益」で儲けるのが基本。

安く買って高く売る。
これが株の基本！

1000円のときに100株購入して、
1500円のときに100株売却したら

➡ 500円×100株＝5万円の利益

株主優待

25	26	27	28	29	30
木	金	土	日	月	火
この日にまでに株を買って保有する	権利付き最終日		この日に株を売ってもOK	権利落ち日	権利確定日

土、日、祝日はカウントされない

配当金が利益の分配だとしたら、株主優待は企業の商品やサービスを株主に還元する仕組み。株主優待を受けるには、権利付き最終日（権利確定日の2営業日前）に株を保有していることが条件。株の購入のタイミングには注意が必要。

配当金

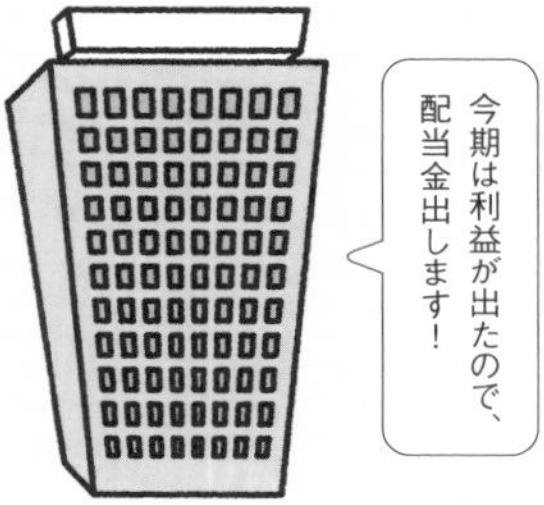

今期は利益が出たので、
配当金出します！

「株を買う＝会社の株主になる」ということ。会社に利益が出たら、その一部を受け取る権利があり、これを「配当金」という。株を持っているだけで得られる利益。ただし、企業によってもらえる金額は異なり、支払われないこともある。

NISAで活かせる株式投資の知識②

12

売買のタイミングを探る

株価チャート

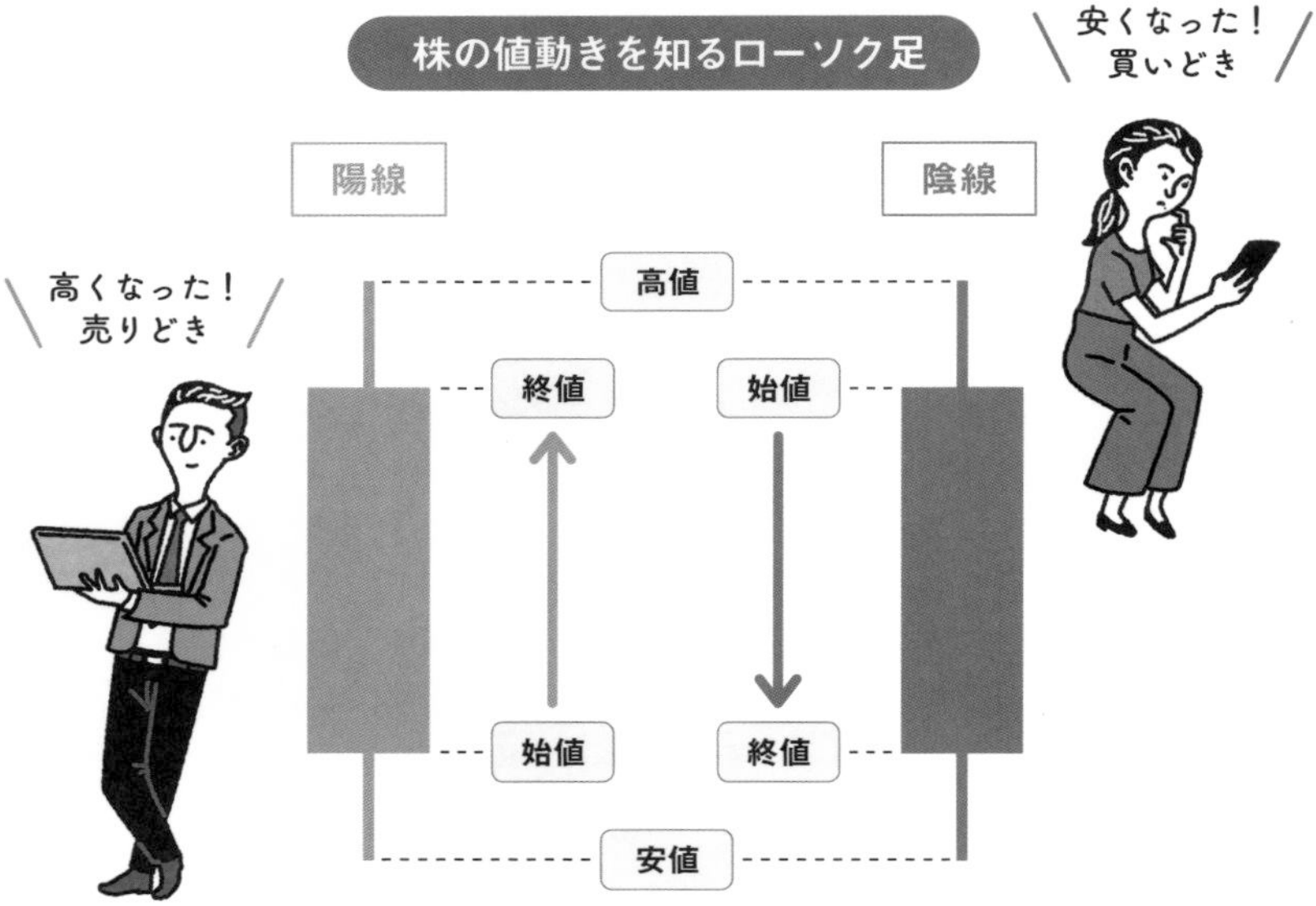

株の値動きを知る株価チャートの見方

株価チャートはこれまでの株の動きがグラフ化されていて、証券会社のウェブサイトやポータルサイトで確認できます。

一見複雑で難しそうですが、基本となる「ローソク足」の見方を知っておけば大丈夫。ローソク足では、その日最初に取引された株価である「始値《はじめね》」とその日最終で取引された「終値《おわりね》」が示されています。**始値より終値が高いと「陽線」、逆になると「陰線」として色分けなどで表示されます。**

ローソク足と過去の平均株価を示す「移動平均線」を併せて見ることで、株価が好調に推移しているか、売買のタイミングはどうかなどを図れます。

[移動平均線による売り・買いのタイミング]

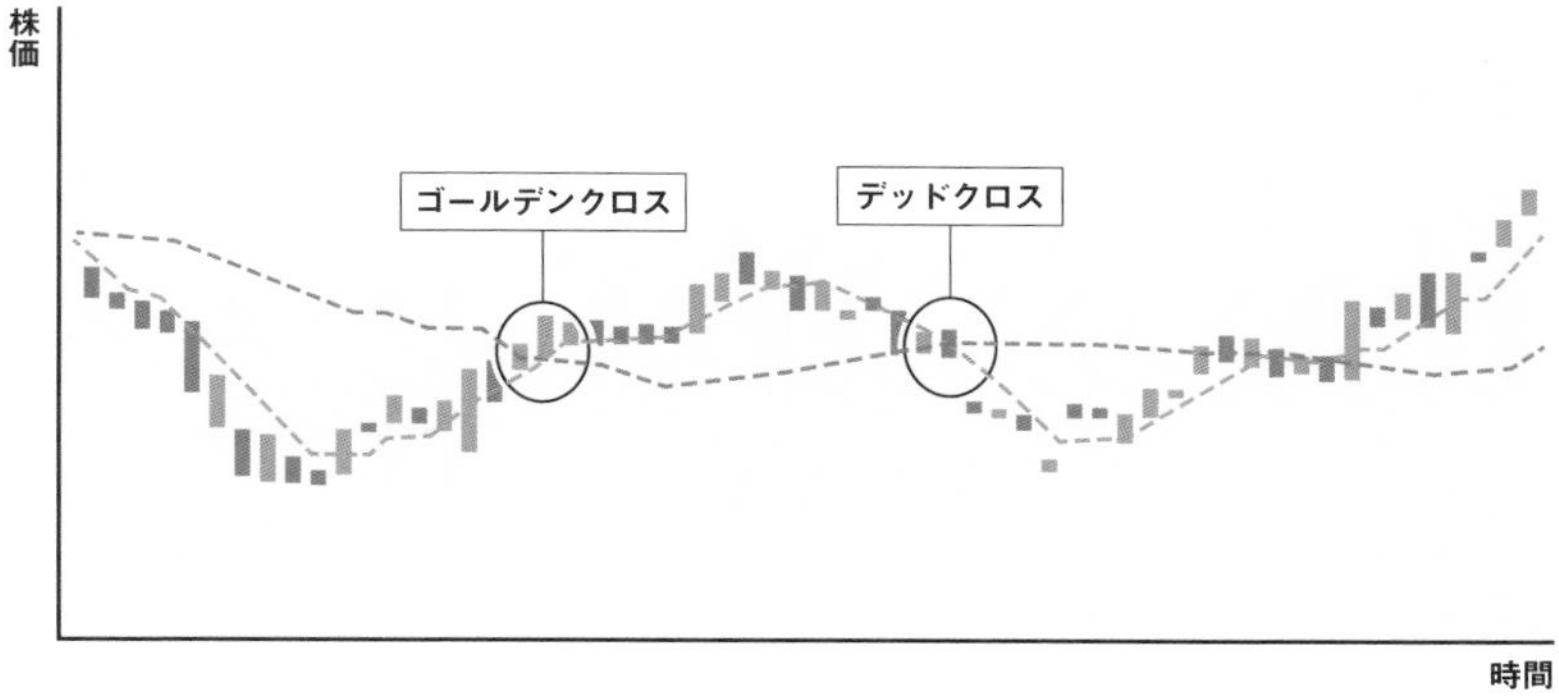

---- 長期移動平均線（25日）

過去25日の株価の終値の平均を結んだもの。短期移動平均線が下降していても、長期移動平均線が緩やかに上昇していれば、これから巻き返す可能性が高いと判断することもできる。

---- 短期移動平均線（5日）

過去5日の株価の終値の平均を結んだもの。直近の動きを示しているため、一時的に株価が上下した影響を受けることも。長期移動平均線も見比べて、株価の推移を見極めよう。

＼ 買いのタイミング ／

ゴールデンクロス

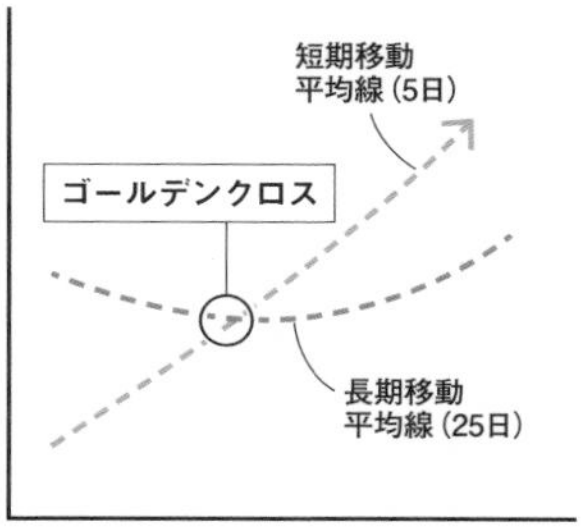

短期移動平均線が上昇して、長期移動平均線を突き抜けていくタイミング。これから株価が上昇するサインであり、一般的にはこのタイミングで株を買うのがよいとされる。

＼ 売りのタイミング ／

デッドクロス

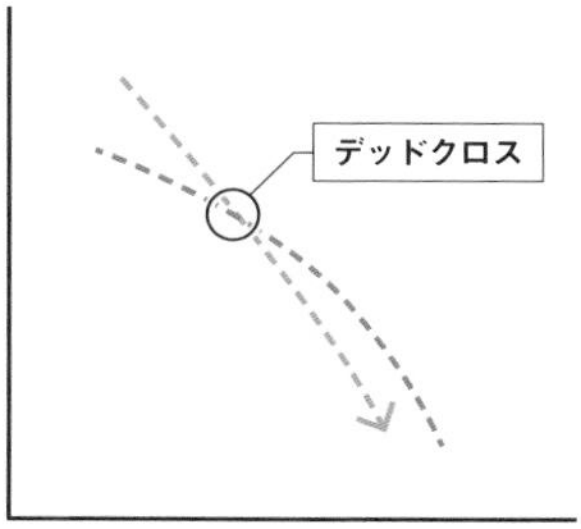

短期移動平均線が下降して長期移動平均線も下に下がっている状態は、株価が下落するサイン。このサインが出ると、一般的には株価が下落する前に売るタイミングとされる。

13

NISAで活かせる株式投資の知識③

「PER」を手がかりに良質な株を探す

どっちの株が
割安なのか？
業績はよいが
株価が高い
企業B
業績はそこそこだが
株価が安い
企業A

リョウタ：せっかくだし、コスパがいい株を選びたい！

カメ先生：株の質の指標となるのが「PER」。「PER」が低いほど、おトクな株ってことになるよ

コスパのよい株を探すときの指標

洋服を選ぶとき、少し値が張っても質がよければ結果的に長く着られてお得です。株を選ぶ際にも、コスパのよい商品を選ぶために参考にすべき指標があります。それが「PER」です。

PERとは、「Price Earnings Ratio」の略で、株価を1株当たりの税引き

「割安」か「割高」かの指標となるPER

1株当たりの純利益 EPS ＝ 当期純利益 ／ 発行済み株式数

例 当期純利益が1000万円、発行済み株式数が10万株の場合

1株当たりの純利益 EPS(※) ＝ 1000万円 ／ 10万株 ＝ 100円

※Earnings Per Shareの略。

株価収益率 PER ＝ 株価 ／ 1株当たりの純利益（EPS）

例 この会社の株価が1800円だった場合

株価収益率 PER ＝ 1800円 ／ 100円 ＝ 18倍

PERが低いほど
割安と考えられる！

利益（当期純利益）で割ったもの。利益から見た割安度を計算したものです。いまの利益が続くならば、投資したお金を何年で回収できるかがわかります。

例えば、PERが15倍と出たら、その株は15年で投資資金が回収できるという意味。基本的には、数字が15より小さいと割安な株といえます。

PERが18倍の１０００円とPERが14倍の５０００円の株があったら、株価自体は１０００円のほうが安くても、PERが15倍以下の５０００円のほうが何年か後に得られる利益は大きく、結果として割安だということになります。

PERは多くの証券会社のウェブサイトに掲載されているので、商品選びをする際の参考にするといいでしょう。

14

NISAで活かせる株式投資の知識④

資産は分散して長期に保有する

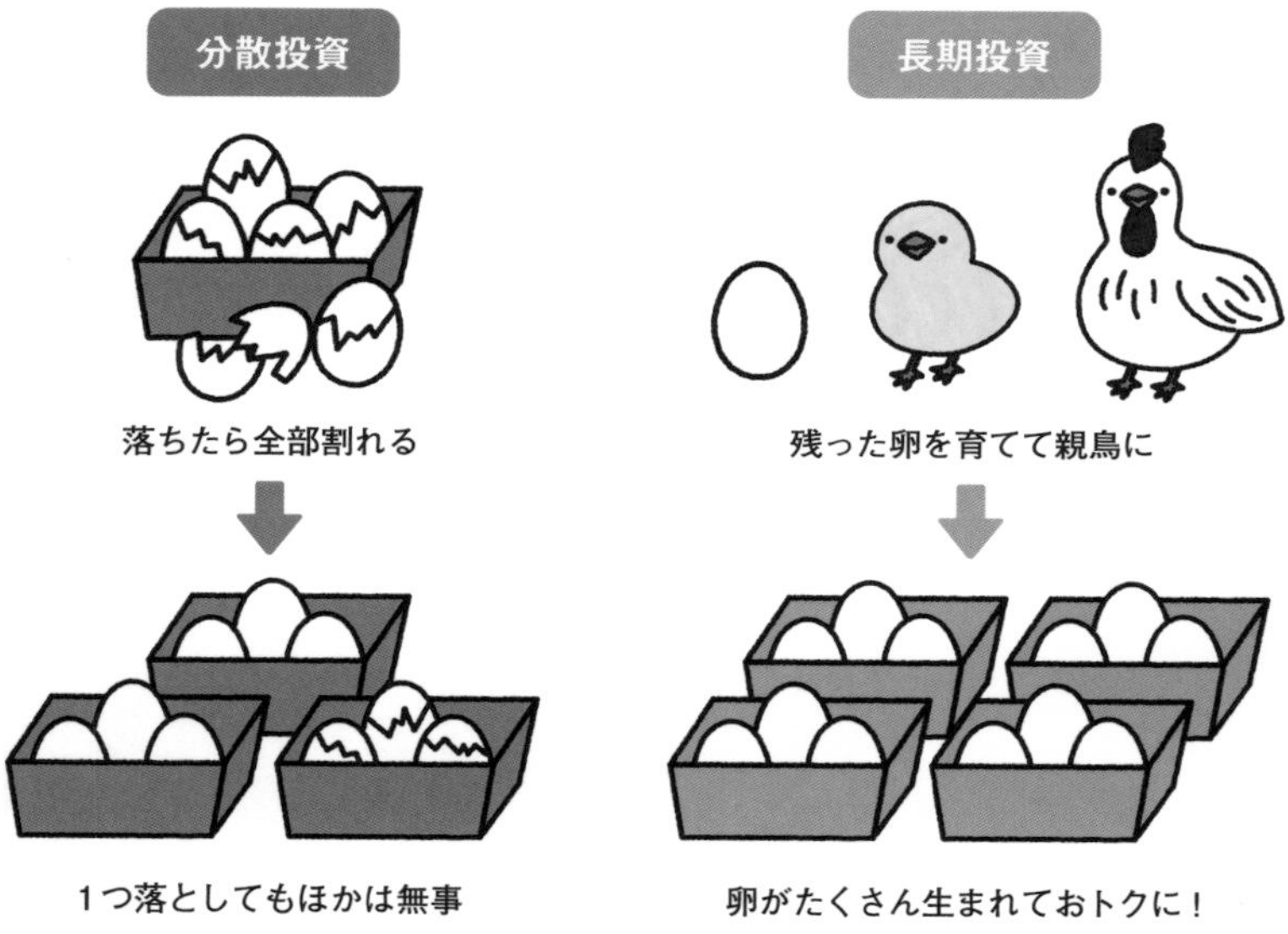
分散投資
落ちたら全部割れる
1つ落としてもほかは無事
長期投資
残った卵を育てて親鳥に
卵がたくさん生まれておトクに！

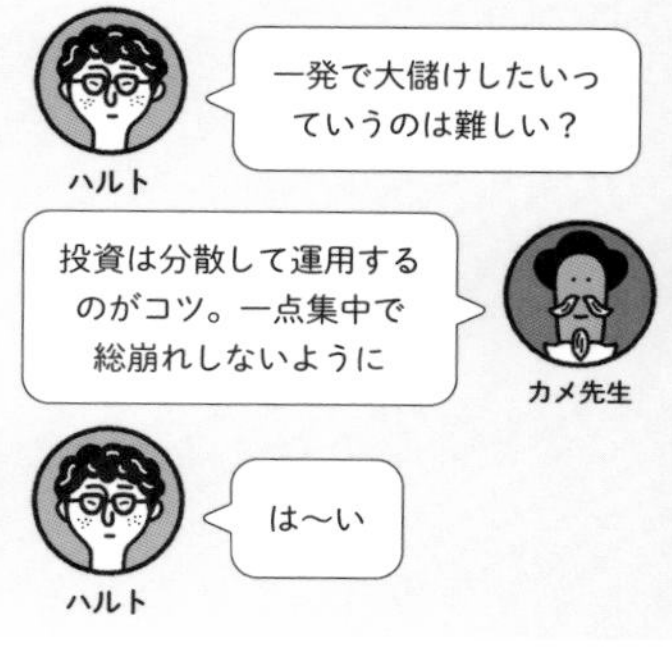
ハルト
一発で大儲けしたいっていうのは難しい？
投資は分散して運用するのがコツ。一点集中で総崩れしないように
カメ先生
ハルト
は〜い

リスクを抑えた運用に欠かせない分散投資

株式投資を躊躇する一番の理由は、リスクが大きいということ。投資ですから当然損が出ることもあり、避けられません。そこで株取引で利益を出すためには、損が出ることを見越し、リスクをいかに回避するかを考えて対策する必要があります。

リスク回避の第一原則は、〝リ

リスクを抑える分散投資

資産・銘柄を分散

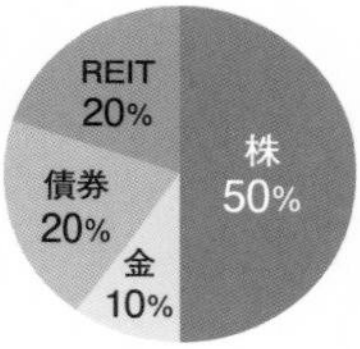

株なら1社ではなく複数社買う、株以外にも債券や金、REITなど金融商品の種類を持っておくと、どれかに大きな損が出ても、ほかの金融商品や銘柄でカバーすることが可能。攻めと守りのバランスを保つのも大切。

時間を分散

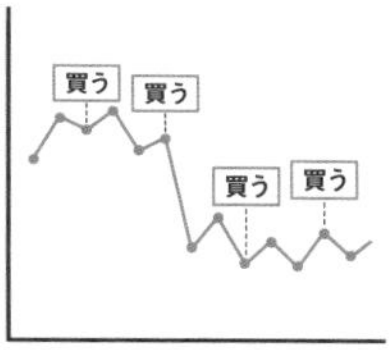

株価がどのタイミングで最高値／最安値になるかを見極めるのはプロでも難しい。一度にまとめて購入するのではなく、タイミングをずらしながら少しずつ買い増すことで、高値で買うリスクを減らせる。

地域を分散

特定の地域だけに投資を集中させると、政治的な要因や紛争、災害などでその地域の金融市場が大きく変動することも。甚大な損失が出ることもあるので、国や地域を分散させることでリスクを軽減できる。

スクを分散させる〟こと。卵を1つのカゴにまとめて保管していると、そのカゴが棚から落ちたときに大半の卵の殻が割れてしまいます。一方で、卵を少量ずつ別のカゴ、別の場所に保管しておくと、1つのカゴが棚から落ちても、ほかのカゴは割れずに守られます。投資も同じで、分散投資が大切だといわれる理由です。

分散の方法は、大きく分けて「資産・銘柄」「時間」「地域」があります。投資商品には、地域も銘柄も資産種類もさまざまなものがあるので、うまく分散して投資することで、リスクを最小限に抑えた運用をすることができます。

リスク分散の面でも、1社の株式に頼らず、複数の商品を運用する投資信託は有効です。

もっと知りたい！

NISAのQ&A

Q1 老後資金2000万円を見通すには、NISAでどれくらい運用したらいい？

A 2024年から開始される新NISAで非課税枠として設定された「1人最大1800万円」は、大半の国民の預貯金額を超過していると考えられ、NISAのみで資産運用をするスタイルが定着しそうだ。老後に必要になる2000万円を貯めるために、NISAを活用してどのように資金計画を立てられるかシミュレーションを。若い年代からコツコツ積み立てて、老後資金を確保しよう。

先送りせず、
少額でも早めに
スタートしよう！

老後資金を作る新NISAプラン

20〜30代 休みなく継続して積み立てる場合

積立期間：40年 毎月1万5000円積立 の場合

利回り	3%	4%	5%
	1376万円	1742万円	2224万円

積立期間：30年 毎月3万円積立 の場合

利回り	3%	4%	5%
	1736万円	2056万円	2446万円

30〜40代 結婚して子どもが生まれ、教育費負担がある場合

結婚後3年＋
子どもが入学するまでの10年間
毎月5万円積立
➡そのまま保有
その後の15年間毎月2万5000円積立

利回り	3%	4%	5%
	1652万円	1933万円	2187万円

※編集部作成。使用するシミュレーターにより、結果は異なることがある。

Q2 2024年以降の新NISAではロールオーバーがない？

A 一般NISAは非課税期間が5年と短く、非課税期間が終了した後、NISA口座で保有している投資信託を翌年の非課税枠に移行する「ロールオーバー」が可能だった。しかし、新NISAでは非課税期間が撤廃されるため、ロールオーバーもなくなる。2024年以降のロールオーバーはできず、2024年以降に非課税期間が終了するNISAは自動で特定口座などの課税口座に移管。このタイミングで売却し、新NISAの枠にするのも手だ。

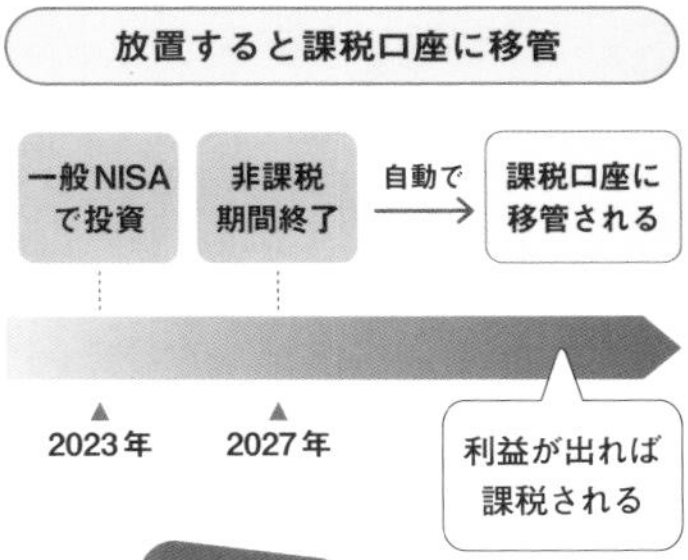

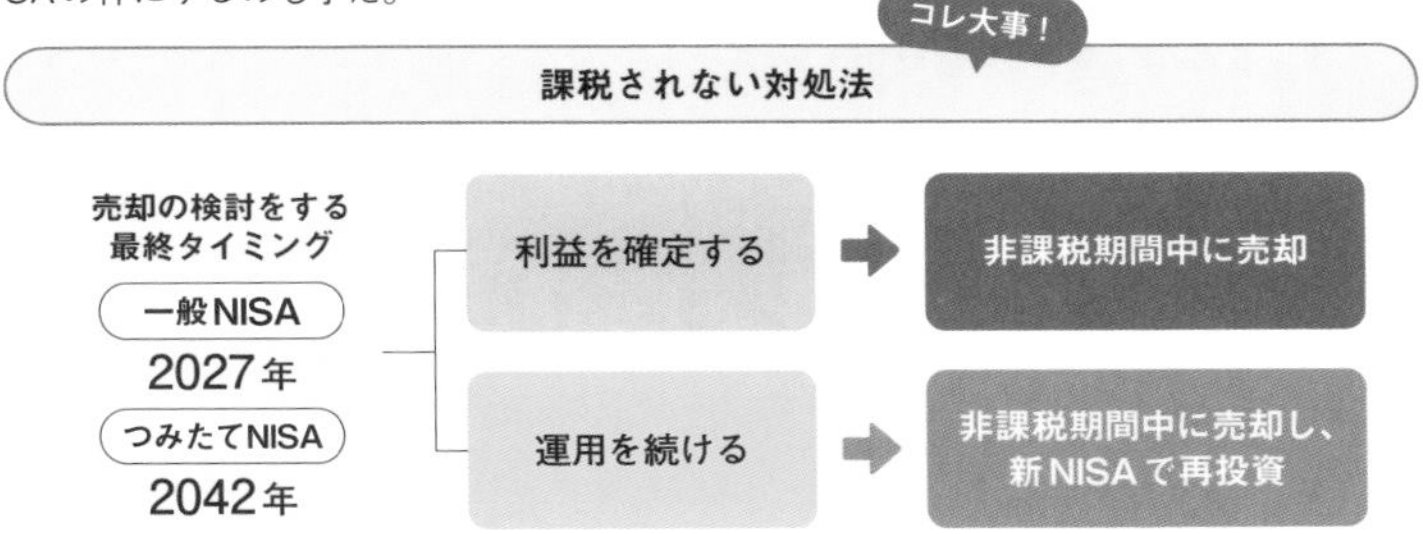

Q3 NISAの積立の一部だけ解約できる？

A つみたてNISAも新NISAのつみたて投資枠も長期投資を前提としているが、解約に制限はない。つみたてNISA自体を解約しなくても、NISA口座で保有している一部の投資信託を解約することが可能。複利効果を無駄にすることになるので、すべての契約を解約する前に、一部のみ解約を検討するのがおすすめ。

＼ 全部OK！ ／

- 解約・一部解約
- 積立金の減額
- 積立の一時休止

Q4 NISAで利益が出ても配偶者控除を外れない？

A 繰り返しになるがNISAで得た利益は非課税対象。つまり、被扶養者がNISAでどれほど利益を得たとしても、納税者は配偶者（特別）控除や扶養控除を受けられる。NISAで利益を得ながら、配偶者（特別）控除を受けると、納税者の所得控除は最高38万円になるので家計はダブルでお得になる。

Q5 NISA口座がある金融機関は変更できる？

A NISA口座は、1人1口座しか持てないが、口座を開く金融機関は1年ごとに選び直せる。また、金融機関を変更してもそれまでのNISA口座の取引残高はそのまま残すことが可能。金融機関変更を希望する例として多いのは、NISA制度を理解しないまま銀行で口座を開設したが、銀行では株式の扱いがないことや手数料の高さに気付くケースなど。証券会社であっても、外国株や海外ETFの取扱い状況には差があり、投資信託も扱う銘柄数は金融機関によって差がある。金融機関の変更には、まず受付期間があることを知っておこう。金融機関の変更は、「変更を希望する年の前年10月1日から、変更する年の9月30日まで」と決められている。期間内に変更先・変更元のそれぞれの金融機関で手続きを行い、完了する必要がある。

金融機関の変更は年単位

2024年分から変更するには

2023年10月1日～2024年9月30日の間に変更手続きをしなければならない
2024年に一度でも商品の買い付けを行った場合は変更できない

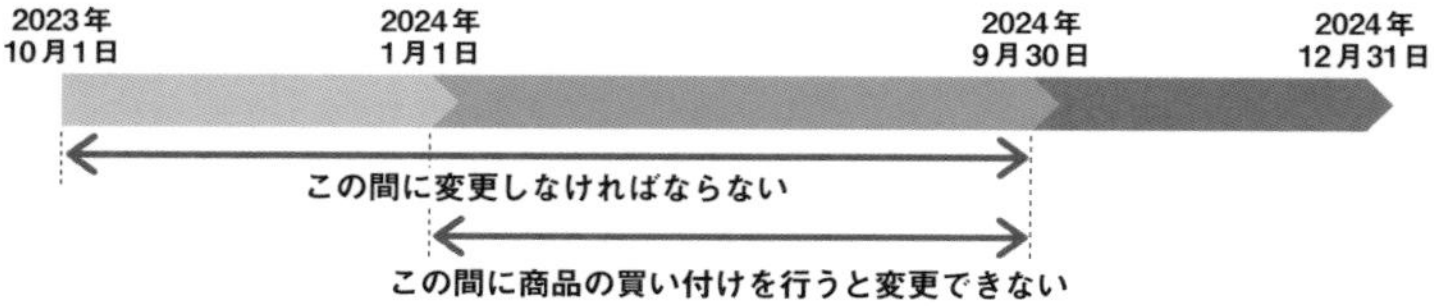

2024年9月末を過ぎている場合、その年に商品を買い付けている場合は…

➡翌年分以降の口座から変更可能

Q7 NISA口座の保有者が亡くなったら？

A NISA口座で保有する株式などは財産なので、口座の開設者が亡くなると遺族による相続手続きが必要。口座の開設者が亡くなったら、速やかに金融機関へ「非課税口座開設者死亡届出書」などの必要書類を提出。故人のNISA口座で保有する株式などはそのままでは売却できず、配当金や分配金の受け取りも不可。売却や継続して運用するには、いったん被相続人の口座を解約し、相続人名義の口座への移管が必要。その際、相続人の特定口座（一般口座）へ移管しなくてはならない。

Q6 NISAで損失が出たら控除対象になる？

A NISAは投資なので損失が出ることもある。NISA以外の課税口座なら、投資によって損失が出た場合にほかの利益と相殺できる。これを「損益通算」というが、NISAは非課税なため、損失が出てもほかの所得と相殺できない。また、課税口座での損失は確定申告を条件に、最長3年間は繰り越して翌年以降の利益から控除を行うことも可能。これを「繰越控除」といい、損益通算を行っても損失が上回る場合に有効な制度。しかし、この繰越控除もNISAには認められない。

Part 4

これってどう？

iDeCo ＆ NISAの運用術

iDeCo NISA

こんな運用どうですか？

CASE 01

投資信託で運用を開始。利益が出ているうちに売却したい

Y.Kさん（32歳）

職業
文具メーカー（正社員）

ひと月の手取り額
約27万円

いますぐ
利益確定したい！

投資DATA iDeCo

- 全世界株式のインデックスファンド　月1万円
- 国内株式のアクティブファンド　月1万円

相談

投資信託の利益を確定しほかの商品にできる？

企業型年金がない勤務先で、私は4年前から月2万円の掛金でiDeCoを開始。現在は2種類の投資信託に投資していて、いまどちらも利益が出ています。iDeCoは同額の掛金のまま継続するつもりですが、最近は〝米国株が好調〟だと聞くので、これらをいったん売却して利益を確定したいです。代わりに米国株中心の商品を運用して、また利益が出たら、別の商品にしてみようかな。

回答

買い替えは可能だが売却前によく検討を

〝保有商品を売って利益を確定〟または〝損失が増えたので売却〟して、ほかの商品への買い替えを希望することもあるでしょう。**iDeCoでは、「スイッチング」により保有中の運用商品を解約・売却して、ほかの運用商品へ資産を移行できます。**ただ移行先が投資信託では、利益の確定にはなりません。同額の米国株中心商品に資産が移るだけで、今後の運用次第で資産が減ることも考えられます。

むやみにスイッチングせず、計画的な長期運用を！

ここをCheck ✔

スイッチングをいまするべきか？

スイッチングは現在保有している商品を売却し、別の商品を購入すること。金融機関のウェブサイトやコールセンターで手続きできる。長期保有のメリットは大きいので、短期的な視点での売り買いになっていないかは確認を。

デメリット

長期保有の恩恵を受けにくい

iDeCoは積立購入で、「ドルコスト平均法（P.101）」により平均購入額を押し下げられる。スイッチングを繰り返すより、長期保有で好成績になることも。

手続き完了までに時間が必要

スイッチングの手続きには時間がかかる。スイッチングを申し込んだが、手続きに時間がかかり、予想より高値での買い付けになることもあるので、注意が必要。

メリット

利益を確定できる

iDeCoでは60歳まで積立資金を引き出せない。しかし、スイッチングで値上がりした投資信託を売却して「元本確保型（P.73）」の商品にすれば、利益が確定。

手数料がかからない

スイッチング自体の手数料は無料。ただし、一部の投資信託では、売却時に信託財産留保額という解約コストが必要になる商品もある。

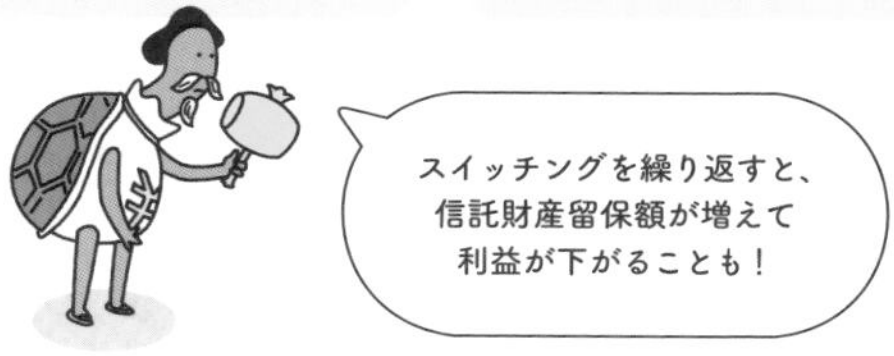

ここをCheck ✔

配分変更を検討する手もある

現在保有中の商品を解約せず、今後の掛金で購入する運用商品の種類や配分割合を変更する「配分変更」を検討する手もある。ただし、高リスクの投資信託を増やす配分変更をすれば、資産を変更前より減らしてしまう可能性も。

Before

毎月の掛金２万円

商品A	商品B
50%	50%
1万円	1万円

配分変更 ←

After

毎月の掛金２万円

商品A	商品B	商品C
50%	30%	20%
1万円	6000円	4000円

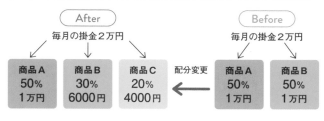

iDeCo　NISA

こんな運用どうですか？

CASE 02

リスクは大きくしたくない。定期預金で限度額までコツコツ

リスクは負いたくないからコツコツと

投資DATA　iDeCo

- 定期預金　月6万8000円

相談

掛金6万8000円で着実に増やしたい！

2年前に独立して自分の店を持ちました。自営業で老後資金も不安なので、iDeCoを始めました。運用商品は迷いましたが、せっかく自分の店を構えることができたこともあり、大きなリスクを抱えたくないので定期預金で確実に運用中。毎月の掛金は自営業者の上限6万8000円。毎月の売上にはばらつきがあり、正直、掛金を捻出するのが難しい月もあって、続けられるかは少し不安。

回答

老後資金を増やすなら一定の運用利回りが必要

運用で失敗して元本が減るのが怖いことは理解できます。ただ、金利がほとんどつかない定期預金のみで運用していては、iDeCoのメリットが激減。**老後資金を確保するには、ある程度の運用利回りは必要**でしょう。資産の変動に慣れないうちは、低リスクの債券の割合を多くするのも手。**運用商品を変更するには、「スイッチング」と「配分変更」という方法（143ページ）があります。**

S.Tさん（34歳）

職業
バー経営（自営業）

ひと月の手取り額
月によって20〜35万円

定期預金にこだわらず、投資信託での運用を選択肢に！

ここをCheck

元本は減らずとも金利はつかない

iDeCoの商品は大きく「元本確保型」と「価格変動型」の２つ。元本確保型の代表が定期預金と保険商品で、安全性が高いが大きな収益を期待できない。定期預金は決まった金利で運用されるため、将来の貯蓄額は明確になるが、昨今の金利ではほぼ利息はつかない。運用益が非課税という利点も活かせない。

＼ iDeCoで定期預金をするとここで損する！ ／

● インフレリスクに対応できない

金額が減らない＝リスクがゼロではない。定期預金はインフレリスクに非常に弱く、長期で運用する場合、資産価値が目減りした状態で年金を受け取る可能性が高い。

● 手数料が高くつくことも

iDeCo運用中には、国民年金基金連合会や運営管理機関に手数料を支払う。定期預金で得られる利息は少なく、所得控除による節税額と合わせても手数料が上回ることも。

● 運用益が非課税になるメリットを活かせない

税務署

定期預金は投資信託に比べて運用益が小さく、複利効果を狙っても利益の大幅な増加を期待しにくい。そのうえ、運用益が非課税というメリットを活かすことができない。

ここをCheck

iDeCoの中断は要注意

中断や減額しても
毎月の手数料は
かかっちゃう…

iDeCoは原則として60歳までは引き出せない。そのため、生活費に困るような掛金にならないように。拠出額は年１回までなら変更できる（P.80）ので、検討してみては。なお、掛金は毎月拠出するのが基本だが、年に１回まとめて拠出したり、ボーナス時の額を増やしてほかの月を減額することもできる。拠出を一時的にストップすることも可能だが、拠出を止めても口座管理手数料はかかり続けるので注意が必要。

⚠ 自営業者の場合は退職所得控除にも影響する

自営業者の退職所得控除額の計算において、「iDeCoの拠出年数＝勤続年数」とみなされる。拠出を中断する時期があると勤続年数と認定されず、十分な税制優遇を受けられないことも。拠出額を下げても続けておくことで、受け取り時のメリットが大きくなる。

iDeCo　NISA

こんな運用どうですか？

CASE
03

扶養内で働いていてもiDeCoを始めるべき？

3
iDeCoがおすすめです！
へぇー、やろうかな

投資DATA　iDeCo

- 月2万3000円の掛金で投資信託を検討中

相談

所得税がなければメリットはない？

私は家族の扶養に入りながら、所得税の課税が発生しない、いわゆる「103万円の壁」を意識して働いています。先日、ほかの用件でメインバンクの窓口を訪れたところ、iDeCoを勧められました。帰宅後、自分でも調べてみたら所得税を支払っていない人にはメリットがないという記述を見つけ、迷っています。月2万3000円は小さな額ではないし、メリットがあるか理解したいです。

回答

103万円の壁を130万円に上げられる

掛金が全額控除になるiDeCoですが、所得税支払いがなければ関係ありません。60歳まで引き出せず、運用期間中に手数料がかかる点を考えると、iDeCoよりつみたてNISAがよさそうです。ただ、103万円の年収でも、iDeCoを上限まで行えば、2万3000円×12カ月＝年間27万6000円収入をアップできます。**130万円まで収入を得ても、所得税がかかりません。**

K.Tさん（28歳）

職業
医療事務（パート）

ひと月の手取り額
約8万円

所得税や住民税負担がないなら、iDeCoよりつみたてNISAを！

ここをCheck ✔

被扶養者の年収しだいでメリットが変わる

年収103万円以下の人と103万円を超えて130万円以下の人でメリットが異なる。所得税非課税の103万円以下で働く人は所得税が非課税のため、所得税の減税効果は受けられない。ただし、住民税が課税されているなら、住民税の減額効果がある。年収103万円を超えると所得税・住民税が課税されるため、掛金による減税効果が受けられる。

所得税非課税の場合（専業主婦（夫）・年収103万円以下）	メリット	扶養内のパート・アルバイト（年収103万円超え・130万円以下）
△ ※所得がゼロならメリットなし。	掛金が全額所得控除になる	○
○	運用益が非課税	○
○	受け取り時の税金が優遇される	○

ここをCheck ✔

銀行はiDeCoの手数料が高い

iDeCoには運用期間中に毎月かかる手数料がある。加入時に必要な2829円はどの金融機関でも同額だが、毎月かかる口座管理手数料は金融機関によって異なる。ネット証券などは最安値で月額171円だが、大手銀行などでは430円程度、490円という金融機関も多い。毎月171円と490円の場合で30年間にかかる手数料を計算すると、差は11万4840円。加入する金融機関選びは重要。

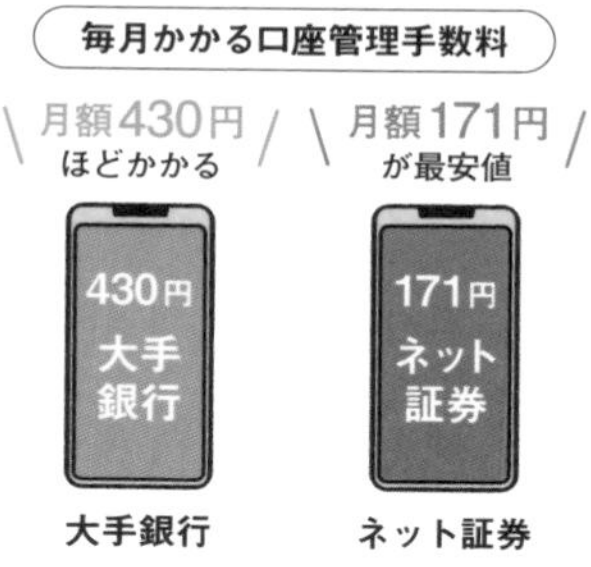

iDeCo NISA

こんな運用
どうですか?

CASE
04

iDeCoと退職金を一緒に一括で受け取りたい

S.Wさん(59歳)

職業
製造業(正社員)

ひと月の手取り額
約48万円

投資DATA iDeCo

- 月1万5000円の掛金でインデックスファンドを中心に20年積立。現在の総額は、500万円ほど。

相談

iDeCoの給付金を60歳で受け取りたい

来年は還暦を迎え、会社を退職する予定です。iDeCoという名称がつく以前の「日本版401k」といわれた時代から、月1万5000円の掛金を拠出してきて、来年には500万円の老齢給付金を受け取れます。退職金は2000万円ほど。老齢給付金を年金として毎月受け取ることもできるようですが、最後まで受け取れないともったいないし、一括で受け取れば損しないですよね。

回答

一括受け取りなら課税額を事前に試算

iDeCoの老齢給付金の受取方法は、①年金方式で5年以上20年以下の期間で受け取る、②一時金として一括で受け取る、③年金と一時金の併給、から選択が可能。**一時金の場合は、退職所得控除を受けられます。**ただし、退職金との合算額が退職所得控除額を大きく上回ると課税額が増えます。反対に合算額が退職所得控除額より少なければ、ゼロで済むことも。事前に試算(84ページ)しましょう。

同時受け取りで課税上のデメリットがないか、必ずチェック！

ここをCheck ✔

退職金とiDeCoの受け取りは課税に注意

同じ一時金受け取りでも、退職金とiDeCoを受け取る年がずれると、課税額が変わる。ただし、iDeCoは過去19年以内にほかの退職所得を受け取っていると、退職所得控除を重複して利用できない。iDeCoの一時金を先に受け取るなら、その5年以降に退職金を受け取れば、退職所得控除を新たに利用できる。

両方を同年中に
受け取ると、
課税額が増える
可能性あり！

例

退職金2000万円、iDeCoの老齢給付金500万円を受け取る場合の課税額

※勤続年数30年、iDeCo40～60歳積立。

	ケース1 一括で60歳で受け取る	ケース2 退職金を60歳で iDeCoを65歳で受け取る	ケース3 iDeCoを60歳で 退職金を65歳でもらう
● 60歳のとき			
所得金額	2500万円	2000万円	500万円
退職所得控除	1500万円	1500万円	800万円
課税所得＝(所得金額－退職所得控除)×½	(2500万円－1500万円)×½＝500万円	(2000万円－1500万円)×½＝250万円	0円
● 課税額			
所得税	57万2500円	15万2500円	－
住民税	50万円	25万円	－
課税額合計	107万2500円	40万2500円	0円
● 65歳のとき			
所得金額	－	500万円	2000万円
退職所得控除	－	80万円	1500万円
課税所得＝(所得金額－退職所得控除)×½	－	(500万円－80万円)×½＝210万円	(2000万円－1500万円)×½＝250万円
● 課税額			
所得税	－	11万2500円	15万2500円
住民税	－	21万円	25万円
課税額合計	－	32万2500円	40万2500円
課税合計額	107万2500円	72万5000円	40万2500円

iDeCo NISA

こんな運用どうですか？

CASE 05

2023年中に一般NISAで投資。2024年からも成長投資枠狙い

N.Aさん（36歳）

職業
システムエンジニア（正社員）

ひと月の手取り額
約36万円

投資DATA NISA

- 一般NISAで120万円の株式投資

相談

新NISAに先駆け一般NISAでデビュー

昨今、会社の同僚たちが話題にしているNISA。2024年から「新NISA」として制度が刷新されるようですが、2023年中に投資を始めれば、非課税投資枠が増えてお得だそう。早速、私も始めたいと思います。「一般NISA」と「つみたてNISA」のうち、一般NISAの投資枠のほうが大きいし得ですよね？　新NISAに移行後も、成長投資枠を使って大きな利益を狙いたいです。

回答

長期的な視点で利益を得やすい選択を

2023年までのNISA制度では、「一般NISA」か「つみたてNISA」の一方を選択。投資枠が多いので、一般NISAのほうが魅力的だと感じるかもしれません。ただ、一般NISAの非課税期間は5年と短く、大きく値を下げたまま終わる可能性も。**つみたてNISAなら20年間保有できるので、長期間保有して利益が出ているタイミングで売却の検討をしやすい**といえます。

2023年に始めるなら、「つみたてNISA」を選んで！

ここをCheck

2023年の一般NISAはデメリットしかない可能性も

2023年までのNISAでは、非課税期間が終了すると自動的に課税口座である特定口座（一般口座）に移管される。５年後に値上がりしているのなら、課税口座に移される前に売却し、再び新NISAの枠を使って買い直すのが◎。値下がりしている場合は、そこで売却しても損が出る。かといって課税口座に移管後に値上がりしても課税されてしまう。NISAの一番のデメリットは損が出たときの損益通算（または、繰越控除）ができないこと。2023年にNISAを始めるなら、「つみたてNISA」での長期運用を検討したい。

● **利益が出ていないのに税金がかかるケース**

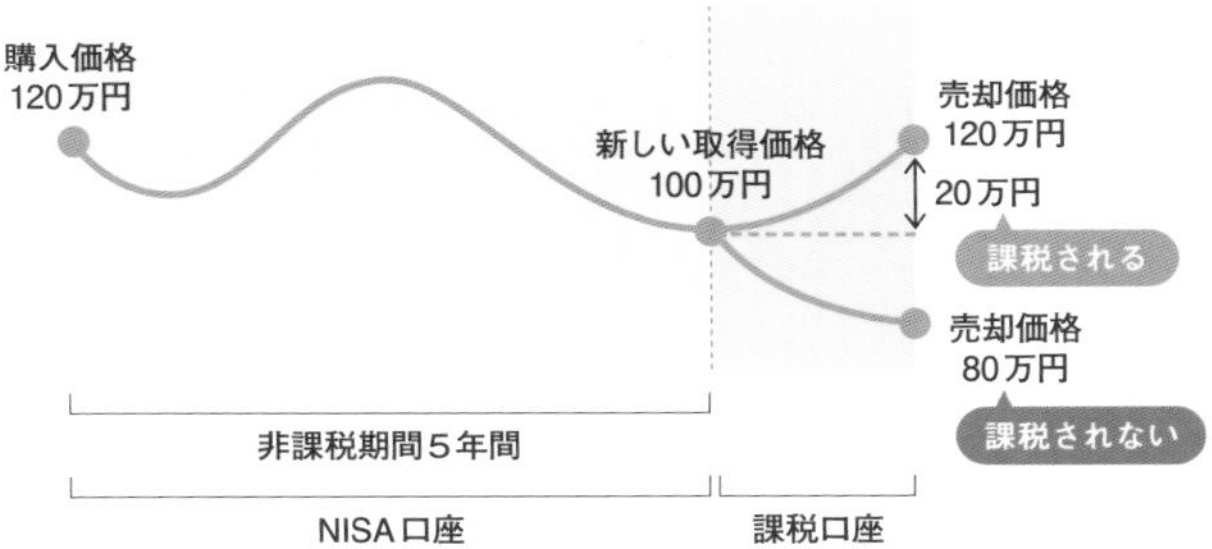

120万円で始めた一般NISAが5年後に100万円に値下がりしたまま課税口座に移管。移管後、120万円まで値を戻したのでそこで売却すると、20万円の利益が出たと判断されて課税対象になる。

ここをCheck

新NISAの成長投資枠はつみたて投資枠と同じ商品を買う選択肢も

新NISAでは「つみたて投資枠」と「成長投資枠」を併用でき、合計で1800万円までの投資が可能になる。つみたて投資枠を優先するべきだが、余裕があれば、成長投資枠分も利用して年間上限の360万円に近づけるのがよい。その場合、つみたて投資枠と同じ商品を購入するのも手。つみたて投資枠用に厳選されたリスク分散された低コストな商品を保有することは、効率的で安全性の高い運用商品選びになる可能性が高い。

つみたて投資枠の商品は

長期投資　**分散投資**

に向く優良商品の可能性が高い！

iDeCo NISA

こんな運用どうですか？

CASE 06

NISAの配当金を指定の銀行口座で受け取っている

投資DATA NISA

- 一般NISAを5年前から始め、300万円程度の株式投資と投資信託を保有中

相談

配当金受け取りはNISA口座とは別に

一般NISAを始めて、今年で5年目になります。もちろん投資なので、時期によって評価額が大幅に下がると不安になったりもしますが、配当金を受け取れるのは最大の喜びですね。私の場合、NISA口座はネット証券を選びましたが、配当金の受け取りは銀行でも大丈夫だということだったので、メインバンクにしています。5月には配当金が出る銘柄があるので今年も楽しみにしています。

回答

NISAなのに配当金が課税される

残念ですがこれは絶対にNG。なぜなら、NISAのメリットである非課税の対象から外れてしまうから。**NISA口座の配当金を非課税にするには、受け取りをNISA口座のある証券会社にしておかなければいけません。具体的には、配当金の受け取りを「株式数比例配分方式」にする**必要があります。ほかの受け取り方式を選択すると、配当金に20・315%の課税がされてしまいます。

F.Mさん（35歳）

職業

家電販売業（正社員）

ひと月の手取り額

約32万円

配当金の受け取りは「株式数比例配分方式」でないと課税される！

ここをCheck

NISAの配当金受け取りは非課税に

NISAの配当金受け取りは、「株式数比例配分方式」を選んでおく必要がある。株式数比例配分方式とは、上場株式の配当金やETF、REITの分配金を証券口座で受け取る方法のこと。配当金を非課税にするには、決められた期日までにこの方式に変更しておこう。

非課税になる配当金受け取り方法

株式数比例配分方式

非課税にならない配当金受け取り方法

配当金領収証方式
（ゆうちょ銀行、郵便局で受け取る方式）

登録配当金受領口座方式・個別銘柄指定方式
（指定の銀行口座で受け取る方法）

配当金の受け取りの設定方法（SBI証券）

1. SBI証券のマイページにログイン後、［口座管理］をタップ。
2. ［お客様情報　設定・変更］をタップ。
3. ［お取引関連・口座情報］をタップ。
4. 「配当金受領サービス」欄から選択できる。

iDeCo　NISA

こんな運用
どうですか？

CASE
07

米国株が〝キテる〟と聞いたので米国株・米国ETFのみ投資

投資DATA　NISA

- 一般NISAで米国株80万円・米国ETF100万円程度所有

相談

確実で安全性の高い米国株に一点集中！

NISA歴4年になりますが、投資に詳しそうな人のSNSに、米国株がキテると投稿されていました。そこで、株式もETFも米国株のみ購入しています。日本株は下がるのではと不安だし、新興国株はさすがにリスクが高いのかなと思っていて……。リスクを抑えるという意味でも、米国株なら安全性が高いですよね？　そこそこ順調に運用中なので、新NISA開始後も買い増そうと思います。

回答

米国株に集中するのは分散が足りない配分

米国株に対して強い確信があれば、NISAを米国株に特化させてもよいでしょう。ただ、個人的にはおすすめしません。投資の基本は「分散投資」だからです。今日の世界経済の中心が米国なのは間違いありませんが、今後もそうあり続ける保証はありません。現在でも、**株式市場の4割は米国株以外。数ある投資対象のなかで米国株だけにフォーカスするのは、分散が足りない配分**なのです。

N.Yさん（31歳）

職業
アパレル業（契約社員）

ひと月の手取り額
約28万円

値下がりリスクを見据え、1カ国に偏らない投資スタイルに！

ここをCheck

リスクを分散させる投資を

長期の資産運用を続けるなかで大きな相場変動は高い確率で起きるため、1つの資産に集中投資しても常に良好なリターンを得ることはできない。投資は相場が下がったときのことを考えて運用することが大事。そのためにも1カ国に偏らず複数の国の株式と債券を組み合わせたり、購入のタイミングをずらすなどでリスクを分散させて。

＼ リスクを抑える工夫 ／

日本・外国の株式と債券を組み合わせる

購入するタイミングをずらす

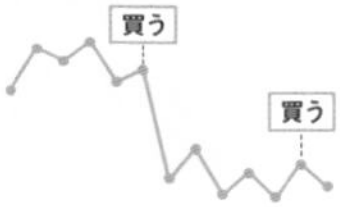

一度に買わず、買い増しのタイミングを見定める

ここをCheck

NISAで保有する米国株・米国ETFの配当金は外国税額控除が適用されない

通常、米国株・ETFの配当金は米国で10%が税金として引かれた後、日本でも20.315%の課税がされる。ただ、確定申告で外国税額控除を受けられる。しかし、NISA口座の株・ETFでは日本での税金が非課税。外国税額控除は二重課税を調整するものなので、日本で非課税のNISAは適用外。米国で徴収された税金は非課税にならない。

対策1

外国の高配当株・高配当ETFを避ける

対策2

米国株や米国ETFが投資対象の投資信託を購入

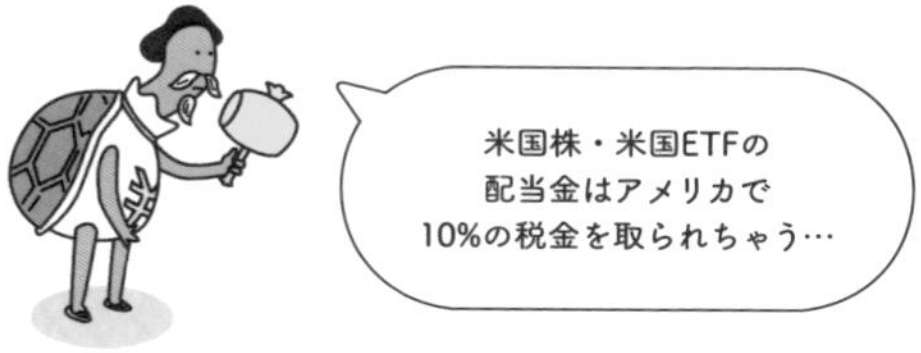

配当金はアメリカで
10%の税金を取られちゃう…

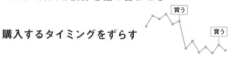

＼ iDeCo・NISAをやさしくガイド ／

竹内先生の運営サイト

投資初心者でも始めやすい「投資信託」についての大事なポイントが
やさしくまとめられた、竹内弘樹先生が運営するウェブサイト。
iDeCo、つみたてNISAに特化したページもあるので、参考にしてみて。

やさしい投資信託のはじめ方

iDeCoを活用しよう

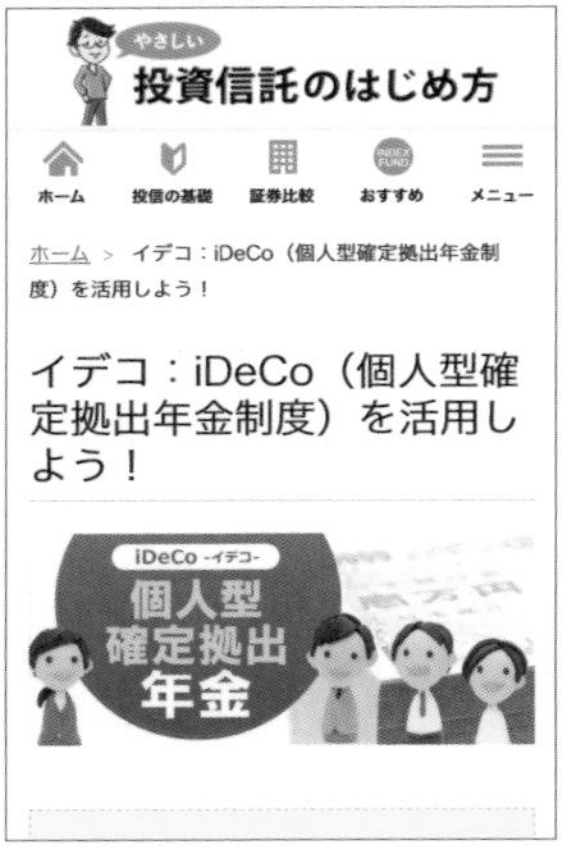

確認しておけばiDeCoの疑問が解決

iDeCoの仕組みやメリット、デメリットについてやさしく解説。また、iDeCoを扱う証券会社の比較や金融機関別の運用のおすすめ商品も紹介。iDeCoを始める前に一度目を通しておくと勉強になる。

つみたてNISAを活用しよう

投資デビューは「つみたてNISA」から

投資初心者が最初に始めるなら長期にわたって税の優遇を受けられる「つみたてNISA」がおすすめという竹内先生が、つみたてNISAについて詳しく解説。金融機関別のおすすめ商品も紹介。

索引

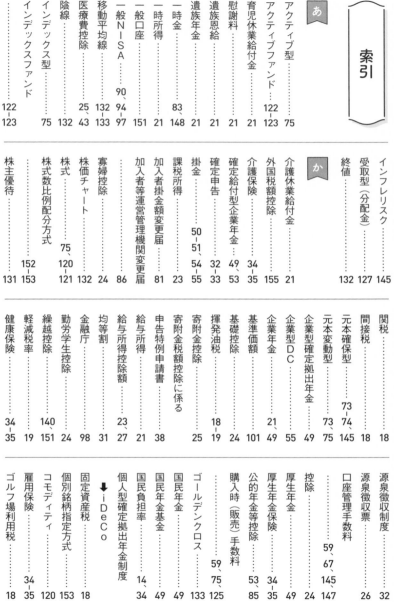

監修

FP（ファイナンシャルプランナー）
投資初心者アドバイザー

竹内弘樹

ライフパートナーズ株式会社代表取締役社長。大手食品メーカー入社後、独学で株式投資を始める。初心者にもわかりやすい情報を届けたいという思いから、「フェアな立場で、正しい情報を、少しでも早く届ける」をモットーに、「やさしい株のはじめ方」「やさしい投資信託のはじめ方」など複数のサイトを運営している。

スタッフ

編集　江山 彩（編集室桜衣）／藤田都美子／スタジオダンク
デザイン　加藤美保子
イラスト　ヤス・タグチータ プレミアム
校正　木串かつ子
編集　上原千穂（朝日新聞出版　生活・文化編集部）

貯《ちょ》金《きん》0円《えん》からのiDeCo・NISA超入《ちょうにゅう》門《もん》

2023年5月30日　第1刷発行
2023年10月30日　第4刷発行
監　修　竹内弘樹
発行者　片桐圭子
発行所　朝日新聞出版
〒104-8011
東京都中央区築地5-3-2
（お問い合わせ）infojitsuyo@asahi.com
印刷・製本　大日本印刷株式会社

ISBN　978-4-02-334115-9